O BRINCAR CORPORAL
NA EDUCAÇÃO INFANTIL

reflexões sobre o educador, sua ação e formação

2ª edição

O BRINCAR CORPORAL
na educação infantil

*reflexões sobre o educador,
sua ação e formação*

Daiana Camargo

Rua Clara Vendramin, 58 . Mossunguê
CEP 81200-170 . Curitiba . PR . Brasil
Fone: (41) 2106-4170
www.intersaberes.com
editora@intersaberes.com

Conselho editorial	Dr. Alexandre Coutinho Pagliarini
	Drª. Elena Godoy
	Dr. Neri dos Santos
	Mª. Maria Lúcia Prado Sabatella
Editora-chefe	Lindsay Azambuja
Gerente editorial	Ariadne Nunes Wenger
Assistente editorial	Daniela Viroli Pereira Pinto
Edição de texto	Monique Francis Fagundes Gonçalves
Capa	Charles L. da Silva (*design*)
	ESB Professional, altanaka, TairA
	e Alhovik/Shutterstock (imagens)
Projeto gráfico e diagramação	Lais Galvão dos Santos
Iconografia	Regina Claudia Cruz Prestes

Dados Internacionais de Catalogação na Publicação (CIP)
(Câmara Brasileira do Livro, SP, Brasil)

Camargo, Daiana
  O brincar corporal na educação infantil : reflexões sobre o educador, sua ação e formação / Daiana Camargo. -- 2. ed. -- Curitiba, PR : Intersaberes, 2023.

  Bibliografia.
  ISBN 978-85-227-0514-6

  1. Brincadeiras (Educação infantil) 2. Educação infantil 3. Prática pedagógica 4. Professores - Formação profissional I. Título.

23-146368   CDD-372.21

1ª edição, 2014.
2ª edição, 2023.
Foi feito o depósito legal.

Informamos que é de inteira responsabilidade da autora a emissão de conceitos.

Nenhuma parte desta publicação poderá ser reproduzida por qualquer meio ou forma sem a prévia autorização da Editora InterSaberes.

A violação dos direitos autorais é crime estabelecido na Lei n. 9.610/1998 e punido pelo art. 184 do Código Penal.

Índice para catálogo sistemático:
1. Prática pedagógica: Educação infantil   372.21

Eliane de Freitas Leite - Bibliotecária - CRB 8/8415

Sumário

Dedicatória / 7

Agradecimentos / 9

Apresentação / 12

1 O brincar e o corpo na prática pedagógica: a criança, a infância e a educação infantil a partir da Modernidade / 16

    1.1 A Modernidade e a invenção da infância: criança e educação como focos da ciência / 18

    1.2 Pensadores e teorias: considerações sobre a concepção de criança e a organização da prática pedagógica / 24

1.3 Educação infantil, disciplinamento e docilização: contribuições dos estudos foucaultianos / 28

1.4 Conceituando o brincar: espaço do corpo em movimento na educação infantil / 36

2 O brincar corporal na educação infantil: o corpo em movimento e as possibilidades pedagógicas / 46

2.1 O brincar corporal na educação infantil / 48

2.2 A criança hoje: contribuições da sociologia da infância / 60

2.3 A criança de hoje e o educador de ontem: a necessidade de um novo olhar sob a prática pedagógica na educação infantil / 63

3 Observar, questionar, ouvir e repensar: o brincar corporal na prática pedagógica da educação infantil / 72

3.1 Os pressupostos teóricos que fundamentam a prática pedagógica da educadora da infância / 74

3.2 A prática pedagógica do educador da infância na perspectiva do brincar corporal / 86

Considerações finais / 100

Referências / 108

Sobre a autora / 118

Dedicatória

A Leonilda Ritzmann (in memoriam), exemplo de simplicidade e sabedoria.

A Ermelino Antônio Ritzmann (in memoriam), pelo amor, pelos mimos e por acreditar em meus sonhos.

A Safira Menegaço Camargo (in memoriam), exemplo de bondade e fé.

Agradecimentos

A Deus, pela vida, força e coragem a cada obstáculo e pelas pessoas especiais que coloca em meu caminho.

A Darcy Ritzmann Camargo, mãe, mulher, amiga, eterna gratidão pela confiança, amor e compreensão. Ao meu pai, Silvio Camargo, por todo o seu amor e dedicação, ensinamentos e exemplos. Sou grata aos dois pela benção de constituirmos uma família.

A Rodrigo, amado irmão, pois sua confiança, carinho e apoio foram fundamentais para que eu chegasse até aqui, e a Cláudia, querida cunhada e irmã de coração — imensa é a satisfação da convivência.

A Alejandro, ser humano especial que acompanhou parte desta trajetória, obrigada pela força e incentivo. Seu amor me faz a cada dia mais feliz.

À professora Drª Silvia Christina Madrid Finck, pelo carinho e empenho ao acompanhar-me neste desafio.

Aos professores Dr. Jefferson Mainardes, Drª Leni Vieira Dornelles e Drª Marynelma Camargo Garanhani, pela disposição em contribuir neste estudo.

Aos professores e colegas da Faculdade Estadual de Filosofia, Ciências e Letras de União da Vitória (Fafiuv), pelos primeiros passos na pesquisa e na docência.

A cada criança que fez parte dos meus felizes anos de atuação na educação infantil e no ensino fundamental I, pois neste estudo há um pouquinho de cada uma de vocês.

Se quisermos um mundo melhor, teremos que inventá-lo, já sabendo que conforme vamos nos deslocando para ele, ele vai mudando de lugar. À medida que nos movemos para o horizonte, novos horizontes vão surgindo, num processo infinito. Mas ao invés de isso nos desanimar, é justamente isso que tem de nos botar, sem arrogância, e quanto antes, a caminho. (Veiga-Neto, 2007, p. 26)

Apresentação

Do balbuciar e engatinhar aos primeiros passos e palavras: do eu professora à pesquisa científica

A FORMAÇÃO EM PEDAGOGIA E OS ANOS DE ATUAÇÃO NA educação infantil fortaleceram meu gosto pelo trabalho com crianças. Ensinaram-me a olhar, ouvir e pensar sobre elas. O apego com os pequenos está impregnado em meu ser, mesmo antes da escolha profissional. Iniciei esta obra com a expressão *balbuciar*, pois busquei elementos infantis que pudessem contribuir para a escrita, permeada de muito carinho, preocupações e desafios.

O engatinhar refere-se ao processo de formação, pessoal e profissional, constituído por alegrias e angústias em relação à educação infantil, às práticas pedagógicas e à atuação lúdica e corporal do educador.

Passo a passo em minha formação e, posteriormente, na atuação profissional, os elementos corporais e lúdicos e a expressão da criança pelo brincar passaram a constituir-se como elementos de pesquisa e aplicação prática constante.

Cada turma em que trabalhei como educadora fortaleceu em mim a crença na necessidade de uma prática pedagógica diferenciada em relação ao corpo, ao movimento e ao brincar. Todo aquele potencial de aprendizagem, expressão, afeto e interação me desafiou a timidamente propor atividades que envolvessem o corpo, e grande era a satisfação diante da aceitação das crianças e dos resultados obtidos. O dia a dia como educadora na educação infantil passou a ser repleto de mais música, jogos, danças e satisfação.

A docência no curso de Pedagogia e os diálogos com os acadêmicos acerca das práticas pedagógicas na educação infantil colaboraram para que esses estudos e anseios sobre a prática corporal e o lúdico compusessem um projeto de estudos mais aprofundado, que passou a constituir um trabalho importante em minha vida pessoal e profissional, que acredito e considero ser possível e necessário para a educação da criança.

Em meados do ano de 2009, iniciei os estudos no mestrado em Educação; de professora, passei a reconhecer-me gradativamente como pesquisadora.

Nesse caminho, deparei-me com diversas possibilidades teóricas e metodológicas, leituras direcionadas à história da educação e da infância, ao corpo e corporeidade, à ludicidade, ao brincar, à disciplina, ao poder, à formação de professores e à metodologia científica, as quais apontaram uma gama de possibilidades tanto nas produções acadêmicas da área de pedagogia como nas questões corporais e lúdicas apresentadas por autores e pesquisadores das áreas de educação física e psicologia.

Mediante contribuições das pesquisas já realizadas acerca do corpo e do brincar, busquei investigar o brincar corporal na prática pedagógica da educação infantil — considerando que a escola é constituída em moldes de disciplinamento e docilização –, bem como a fragmentação do corpo e da mente, pois acredito que tais modelos constituem o educador e interferem em sua prática pedagógica.

Assim, comecei a "balbuciar". As primeiras aproximações teóricas me foram apresentadas em eventos científicos e discutidas com educadores e colegas, e a intenção de investigar a prática pedagógica da educação infantil se fortaleceu. A confiança da professora que habita em mim confrontou-se com as descobertas e incertezas da pesquisadora que me tornei.

Cirandas: a construção de um referencial teórico

Esta obra visa contribuir para o pensar sobre a **ação pedagógica do educador**[1] que atua na educação infantil, no sentido de analisá-la e descrevê-la considerando os aspectos relacionados ao corpo, ao movimento e ao brincar corporal.

De acordo com Ferreira (1988), *ciranda* é uma dança de roda infantil de origem portuguesa. No entanto, além do significado da palavra, busquei fundamentação na metáfora a que essa expressão remete: *ciranda, círculo, mãos dadas, estar junto* e *caminhar junto*.

Assim, busquei constituir um referencial teórico pautado em autores que apontem subsídios para reflexões, análises e discussões sobre as especificidades da educação infantil, objetivando analisar e descrever a atuação pedagógica do educador da infância em relação ao brincar corporal.

Neste livro, adaptei o termo *brincar físico* para "brincar corporal", pois a considero, dentre as possibilidades apontadas por Moyles (2002), a mais próxima dos objetivos buscados nesta obra. Considerei, ainda, as atividades lúdicas como possibilidades de inserção do trabalho corporal na educação infantil para o desenvolvimento da criança de maneira integral.

---

1 O termo *educador* faz alusão às duas categorias de profissionais atuantes na educação infantil, devido à existência da professora regente da turma, na maioria dos casos uma profissional efetiva na carreira, e das auxiliares, que geralmente são estagiárias em processo de formação.

Nesse contexto, atentei para os aspectos relacionados ao corpo e as relações de poder e disciplinamento que o permeiam e que estão presentes na escola. Para subsidiar tais discussões, recorri aos estudos de Michel Foucault (1979, 2007). A escolha ampara-se também em estudos de Fischer (2003), o qual considera Foucault um teórico que foi capaz de revolucionar a pesquisa em educação, na medida em que seus conceitos se tornaram ferramentas de investigação direcionadas a abordagens criteriosas das práticas educacionais e didático-pedagógicas, bem como dos demais elementos que constituem a educação, superando a descrição de conceitos naturalizados para então desvelar os caminhos pelos quais os diferentes temas, sujeitos e situações do campo educacional foram construídos ao longo da história.

Esta obra apresenta-se dividida em três capítulos. No primeiro capítulo, "O brincar e o corpo na prática pedagógica: a criança, a infância e educação infantil a partir da Modernidade", são tratados os elementos teóricos/históricos fundamentais para o entendimento da educação infantil.

No segundo capítulo, "O brincar corporal na educação infantil: o corpo em movimento e as possibilidades pedagógicas", são abordados temas como a compreensão do brincar na educação infantil, a dimensão corporal do brincar e a importância de reflexão quanto à formação do educador.

O cotidiano da educação infantil e as práticas relacionadas ao brincar corporal integram o terceiro capítulo, intitulado "Observar, questionar, ouvir e repensar: o brincar corporal na prática pedagógica da educação infantil".

Aqui são apresentadas algumas considerações sobre o brincar corporal na prática pedagógica da educação infantil sem intenção de esgotar a discussão sobre esse tema, mas com a expectativa de que esta obra venha a provocar reflexões sobre o brincar, o corpo, o movimento, a formação e a disponibilidade do educador em atuar corporalmente.

1

O BRINCAR E O CORPO NA PRÁTICA PEDAGÓGICA:
a criança, a infância e a educação infantil a partir da Modernidade[1]

[1] Alguns trechos deste capítulo foram extraídos e adaptados de Camargo (2011).

Neste capítulo, discutiremos alguns elementos importantes para contextualizar os debates sobre a educação infantil, bem como para compreender os caminhos percorridos durante a constituição desse nível de ensino, de acordo com o entendimento de criança e de prática pedagógica que vivenciamos e conhecemos.

Ao abordarmos a importância do brincar corporal, assim como as resistências e dificuldades que verificamos em relação a essa prática no cotidiano da educação infantil, apresentamos algumas considerações acerca da história da educação e da constituição ou "invenção" do que compreendemos por infância, criança e, respectivamente, por educação infantil.

Ao abordarmos o período da Modernidade, traremos para discussão alguns elementos da teoria de Foucault (1979, 2007) e demais pesquisadores de base foucaultiana, entre eles Bujes (2001), Carvalho (2005) e Dornelles (2005, 2007).

Nesse contexto, apresentaremos escritos a respeito da docilização e do disciplinamento dos corpos, suporte teórico desta obra, assim como autores que tratam da corporeidade, no intento de mostrar elementos que apresentem a discussão e a contextualização da fragmentação entre corpo e mente que ainda persiste na prática educativa.

1.1 A Modernidade e a invenção da infância: criança e educação como focos da ciência

A compreensão do homem como um ser produtor de conhecimento e o seu reconhecimento como tal ocorreu a partir da Modernidade[2]. Nesse período, houve o advento das mais diversas ciências que buscam o entendimento do homem.

Essa época também foi marcada pelo declínio de ordens estabelecidas: o homem deixa de influenciar-se cegamente pelos desígnios da Igreja e do império, emancipa-se da visão religiosa e se percebe como indivíduo ativo, detentor de racionalidade e capaz de produzir saberes que levam ao progresso científico, econômico e político da sociedade. Instaurou-se o valor da experiência individual, do pensar, da arte e do saber científico.

Foucault
Will Amaro

Com isso, foi criado o Estado Moderno visando à prosperidade econômica, à eficiência e à produtividade, e o poder até então detido pelo imperador foi distribuído na sociedade e exercido pelas diversas instituições criadas para incentivar e fiscalizar o progresso (Cambi, 1999). A ideologia que permeou o pensamento moderno está relacionada à ordem, à produtividade, aos avanços econômicos e, consequentemente, a uma especialização acadêmico-profissional, devido à ramificação das ciências impulsionadas nesse período histórico.

Ainda de acordo com Cambi (1999), na Modernidade o homem passou a ser caracterizado como "*homo faber*", capaz de produzir e responsabilizar-se pelo avanço da sociedade. O autor destaca também a contribuição de Foucault (1926-1984) ao tratar do papel de

---

2 O período que chamamos de *Modernidade* é marcado pela época compreendida pelos estudiosos como a entrada do homem na história – até então não havia uma concepção epistemológica sobre ele nem um discernimento sobre as capacidades que seria capaz de desenvolver enquanto sujeito que conhece.

um novo sistema de governo voltado para a vida social, expresso pela análise da microfísica do poder e, portanto, compreendido como um poder que age em diversos espaços sociais, entre eles a escola.

> Na Modernidade, a produção de saberes fez com que o homem se diferenciasse dos demais seres, em virtude da superação de uma visão metafísica do indivíduo devido ao entendimento deste como ser de natureza finita e capaz de produzir conhecimento.

Segundo Silveira (2001, p. 5), a Modernidade representa o "implemento conceitual-discursivo das ciências do homem". O autor aponta que nessa época também houve a busca pela compreensão do modo como se constitui o corpo e a alma do sujeito. Assim, é possível ressaltar a influência da Modernidade no entendimento de corpo que temos hoje.

Instaurou-se, então, o entedimento do conceito de *humanidade*, o que facilitou a identificação do exercício do saber sobre o corpo, disseminado pela necessidade de controle da sociedade moderna que apresentava altos índices de crescimento, tanto no âmbito das ciências e dos avanços tecnológicos como nos indicadores populacionais/demográficos (Dornelles, 2005; Veiga-Neto, 2007).

Destacamos ainda que a Modernidade teve como princípio a difusão de um projeto educativo e sua inserção na dinâmica do Estado — uma educação que oscilava entre as dimensões de libertação e domínio, emancipação e conformação. Com base nesse projeto educativo, a família e a escola sofreram alterações significativas com o objetivo de atender a um modelo definido e aprovado socialmente.

> A família passou a ser vista como núcleo de afetos diante de um "sentimento de infância"[3], tendo a criança, um ser inocente e frágil a quem se deve cuidar e controlar, como centro-motor da vida familiar. Nesse contexto, a escola constitui-se como disciplinadora e produtora de novos comportamentos (Cambi, 1999).

Moreira (1995) ressalta que, durante a Modernidade, o corpo passou a ser manipulado, treinado e modelado conforme o princípio de economia de forças para o trabalho, disciplinamento que é recebido com naturalidade, permeado por ideais de produção e progresso.

Carvalho (2005) destaca que, com as transformações sofridas pelos meios educativos, estes sofreram transformações a partir da Modernidade: a escola passou a ocupar um lugar funcional para o desenvolvimento da denominada *sociedade moderna*, embasada em princípios de ordem, produtividade e formação de profissionais. Ainda de acordo com o autor: "Pode-se dizer que as instituições dedicadas ao cuidado e à educação das crianças surgiram depois das escolas e a sua *entrada em cena* pode ser associada com o trabalho materno fora do lar, a partir da Revolução Industrial" (Carvalho, 2005, p. 56, grifo do original).

As necessidades da sociedade levaram à produção de conhecimentos sobre ela mesma, na intenção de ordenar e controlar seu desenvolvimento. A estruturação de uma nova rede de conhecimentos a respeito do homem e de sua especificidade possibilitou o surgimento de ciências como a medicina, a biologia, a psicologia e demais áreas.

Nessa linha, também a pedagogia nasceu como ciência, com a finalidade de controlar as variáveis do processo educativo e formar o homem cidadão e produtivo para a sociedade capitalista que

---

[3] A expressão *sentimento de infância* trata da sensibilização exacerbada acerca da criança, até então percebida como adulto em miniatura, que passa a constituir o centro das atenções da família e da sociedade (Ariès, 1981; Cambi, 1999).

se constituía na época, tendo como base as abordagens cognitivistas provenientes da psicologia e com a intenção de estabelecer formas para compreender, facilitar e incentivar a aprendizagem.

Dornelles (2005) ressalta ainda o aparecimento das ciências humanas como mecanismo de controle, sendo que a fragmentação dos estudos em especialidades distintas visava a um maior domínio sobre o agir humano.

Saberes das mais diversas áreas de conhecimento emergiram por meio da atuação do pesquisador moderno. A biologia, a medicina, a antropologia, a psiquiatria e o direito são apenas alguns dos saberes científicos entre os inúmeros que se constituíram diante da incessante busca de verdades e de criação de um saber científico sobre o homem (Bujes, 2001, 2008; Carvalho, 2005).

Segundo Dornelles (2005), as ciências humanas objetivam a produção de conhecimentos tendo em vista o melhor governo das populações. A necessidade desses saberes por parte do Estado instituiu e consolidou esse campo de estudo, cuja produção científica consiste na questão central do pensamento de Foucault (1979, 2007), diante de sua preocupação com a emergência da sociedade disciplinar, visto que os saberes produzidos nas ciências humanas refletiram-se nas ações sobre o corpo, na normalização do prazer e na regulação das condutas.

> As necessidades da sociedade levam à produção de conhecimentos sobre ela mesma, na intenção de ordenar e controlar seu desenvolvimento.

Em suas teorias, a educação reflete discursos provenientes de áreas da saúde, da psicologia e de estudos específicos da pedagogia, transitando entre discursos de liberdade e de ação de governo com o objetivo de moldar o indivíduo para a atuação na sociedade. O sujeito que reconhece suas próprias capacidades e compreende sua individualidade é um sujeito radicalmente governado pela sociedade e suas regras (Barbosa, 2006; Cambi, 1999).

Ao pensarmos sobre a constituição do sujeito, encontramos nos escritos de Carvalho (2005), fundamentados em Narodowski (1993), importantes considerações a respeito da escola como aparelho de exame ininterrupto, à qual cabe todo o desenvolvimento do ensino ao mesmo tempo que produz um campo de conhecimento. Assim sendo, a escola tornou-se o lugar de estudo da pedagogia, e esta passou a ser compreendida como ciência.

O reconhecimento do homem como produtor e sujeito de conhecimento fez com que a criança fosse também percebida pela sociedade nessa perspectiva, transformando-a assim em objeto de estudo e tornando-a foco de muitos olhares atentos ao potencial que poderia ser revertido futuramente em força de produção.

> A família, de acordo com Hickmann (2008), passou a compreender a criança não mais como uma possibilidade à continuidade de gerações, mas como um segmento da vida que apresenta fragilidades e necessita de cuidados. Constitui-se assim, de acordo com Ariès (1981), a família moderna.

A etimologia do conceito de *infância* remete à inabilidade da fala (Online Etymology Dictionary, 2013). Em razão disso, esse termo, por muito tempo, foi utilizado como referência apenas às crianças muito pequenas.

Em seus estudos sobre a infância, Barbosa (2006), Bujes (2001), Carvalho (2005), Coutinho (2002) e Hickmann (2008), delineados por uma perspectiva foucaultiana, destacam que a constituição do sujeito ocorre em um dado lugar, proveniente de escolhas e de uma construção histórica permeada por relações de poder. Assim, a invenção da infância moderna resulta de alterações nos modos pelos quais os sujeitos se organizam e vivem.

Figura 1.1 – A invenção da infância

LiliGraphie/Shutterstock

Estudos realizados por Bujes (2001) ressaltam que as concepções de infância e as tendências pedagógicas que embasam as práticas educativas ao longo da história são fundamentadas em estudos das áreas de pedagogia, psicologia e medicina, tendo como princípio o conhecer para governar.

Nesse sentido, Dornelles (2005) enfatiza que, com a invenção da infância, foram produzidos saberes e verdades cuja intenção era descrever, classificar, comparar, diferenciar, hierarquizar, excluir e homogeneizar a criança, com base em regras e normas disciplinares. A autora relata ainda que a invenção da infância está relacionada às práticas de respeito à vida e ao cuidado com as crianças, as quais se tornaram dependentes dos adultos.

1.2 Pensadores e teorias: considerações sobre a concepção de criança e a organização da prática pedagógica

Muitos foram os estudos referentes à criança impulsionados pela nova organização da sociedade que se constituiu a partir da Modernidade; dentre estes, destacamos as abordagens de Comenius, Rousseau, Pestalozzi, Froebel, Decroly e Montessori, os quais tratam, de acordo com Eby (1976), Manacorda (1989) e Cambi (1999), os diferentes aspectos referentes à educação da criança.

As pesquisas realizadas por Carvalho (2005) destacam que diferentes iniciativas marcaram a constituição do atendimento à infância[4], como a criação de creches, salas de asilo, jardins de infância e escolas maternais. A organização desses espaços tinha como pano de fundo o atendimento às necessidades de formação da concepção ideal de homem para o que se entendia como sociedade moderna.

> É com base em uma perspectiva adultocêntrica de representar a infância — em que a criança é entendida como um ser débil, frágil e que necessita de cuidados e correção — que são justificadas as práticas de intervenção educacional e familiar referentes à criança (Bujes, 2001).

Os estudos de Comenius, Rousseau, Pestalozzi, Froebel, Decroly e Montessori refletem características e detalhes importantes a respeito de períodos históricos distintos, o que nos auxilia a entender como se constituiu historicamente a compreensão que hoje temos de criança e infância e como foram estabelecidas as práticas pedagógicas para a educação infantil.

---

4 A educadora Maria Montessori decidiu se dedicar aos problemas educativos e pedagógicos. Em 1900, ela trabalhou na Scuola Magistrale Ortofrenica, um instituto encarregado pela formação dos educadores das escolas para crianças com deficiências mentais. Após ter estudado pedagogia, ocupou-se da modernização de um bairro pobre de Roma chamado San Lorenzo, encarregando-se da educação das crianças. Para atender a suas necessidades, ela fundou uma casa das crianças (Casa dei Bambini), onde elas podiam aprender a conhecer o mundo e a desenvolver sua aptidão para organizar a própria existência.

Rousseau

Em sua obra *Emílio ou da educação* (1995), Rousseau (1712-1778) nos traz uma nova concepção de infância, considerando a criança como ser sociável, autônomo, que apresenta um desenvolvimento em etapas diferenciadas, bem como comportamentos específicos em cada uma dessas fases. Essa criança deveria ser respeitada em seus ritmos e características, e seu desenvolvimento deveria acontecer longe das influências corruptoras da sociedade.

Cambi (1999) enfatiza que, após Rousseau, a pedagogia passou a ser puericêntrica[5], tendo como eixo de estudo um conjunto de técnicas para o desenvolvimento integral da criança.

> À medida que são organizadas as instituições de atendimento à criança, e com a intensificação dos estudos sobre a infância, aparece a discussão sobre o brincar e o aprender da criança pequena.

Froebel

Considerando o brincar como o principal componente desta obra, apresentamos alguns aspectos relevantes dos estudos de Friedrich Froebel (1782-1852) (Arce, 2002), cuja teoria sustenta a utilização do brincar na educação infantil, fundamentada em documentos e projetos pedagógicos ao longo dos anos.

Ressaltamos a contribuição da obra de Froebel para a organização da educação infantil nos moldes contemporâneos. De acordo com Eby (1976), Froebel pode ser considerado o reformador educacional de maior expressividade no

---

[5] Pedagogia que tem a criança como centro (Ferreira, 1988).

século XIX e a expressão máxima da denominada *pedagogia romântica*, se considerarmos que até meados do século XVIII a criança era vista como um adulto em miniatura.

Em relação à educação da criança, Froebel dedicou-se à organização de uma metodologia específica para essa faixa etária, o que constitui o "coração" do método froebeliano. Destacamos a importância atribuída ao brinquedo e à brincadeira na prática educativa, considerados como agentes do futuro da criança (Cambi, 1999).

Assim, é por meio do brincar que a criança expressa sua visão de mundo, ato, segundo Arce (2002), deveras importante para que realmente possamos conhecê-la. De acordo com Froebel (citado por Arce, 2002, p. 60-61),

> A brincadeira é a fase mais alta do desenvolvimento da criança – do desenvolvimento humano neste período; pois ela é a representação autoativa do interno – representação do interno, da necessidade e dos impulsos internos. A brincadeira é a mais pura, a mais espiritual atividade do homem neste estágio e, ao mesmo tempo, típica da vida humana como um todo – da vida natural interna escondida no homem e em todas as coisas. Por isso ela dá alegria, liberdade, contentamento, descanso interno e externo, paz com o mundo.

A abordagem do brincar e do lúdico e a institucionalização da infância tratadas por Froebel constituem um dos mais importantes fundamentos teóricos que embasam a formação de professores e a prática pedagógica e influenciam fortemente a concepção de criança – ainda marcada pela inocência –, o sentimento de fragilidade e a necessidade de proteção e cuidados (Cambi, 1999).

As formulações froebelianas representam uma reação às pedagogias disciplinares, com métodos tradicionais, horários rígidos e inflexíveis, espaços cerrados e distribuição estrita, currículos repetitivos, predeterminados, alheios à vida e à experiência (Bujes, 2001).

Para a discussão sobre o brincar, é necessário tratar da influência das concepções da educadora e médica italiana Maria Montessori (1870-1952) e do médico belga Ovide Decroly (1871-1932), ambos influenciados pelo ativismo pedagógico[6] da denominada *Escola Nova*.

MONTESSORI criou um método fundamentado nas atividades sensório-motoras da criança, desenvolvidas por meio de exercícios da vida prática, como o comer e o vestir, além de enfatizar a importância do equipamento escolar adaptado à criança e a relevância do brinquedo para a aprendizagem.

DECROLY, por sua vez, baseou seus estudos nos centros de interesse, na autoavaliação e na formação para a vida, tendo como base a observação de crianças com problemas mentais. O teórico também destacou a importância dos jogos na aprendizagem (Cambi, 1999; Oliveira, 2010).

Os escritos de Foucault (1981, 1979) sobre a ciência e a verdade possibilitaram uma análise criteriosa das concepções de escola e educação, as quais estão relacionadas com o que hoje compreendemos como infância, criança e prática pedagógica. Essas observações resultaram em questionamentos a respeito do contexto em que tais concepções foram constituídas e como elas

---

6 Compreendemos *ativismo pedagógico* como característica das pedagogias da Escola Nova, cujo modelo baseia-se na atividade da criança (Cambi, 1999).

persistem enraizadas no discurso pedagógico em pleno século XXI. Para Bujes (2001), ver a criança como natural, inocente e pura corresponde a mitos que criamos a respeito delas – representações sustentadas segundo o poder que impera na sociedade.

1.3 Educação infantil, disciplinamento e docilização: contribuições dos estudos foucaultianos

Valiosas são as contribuições dos estudos de Foucault (1979, 2007) para a discussão a respeito da atuação pedagógica do educador da infância e do brincar corporal. O teórico reconhece o indivíduo como ser constituído social e historicamente, fruto de diversas relações de poder que existem nos mais diversos ambientes sociais, e enfatiza a separação entre corpo e mente que se impõe à escola moderna. Ele ressalta que a prática pedagógica sofre influências das relações de dominação, disciplinamento e docilização que constituíram a escola e permanecem fortemente presentes na instituição escolar e na atuação dos educadores.

Os conceitos apresentados por Foucault são complexos e amplos. Como exemplo, temos a obra *Vigiar e punir: história da violência nas prisões* (2007), publicada originalmente em 1975, que fundamenta os estudos sobre corpo e dominação em diversas áreas do conhecimento, entre elas o direito, a política e a educação.

Com base nisso, faremos um recorte teórico e trataremos das discussões acerca do disciplinamento e da docilização, questões fundamentais para a abordagem do brincar corporal na educação infantil.

> Ao tratar das contribuições de Foucault para a educação, Veiga-Neto (2007) enfatiza a necessidade de transgressão, de ultrapassar os limites que o mundo social impõe a fim de olharmos as relações entre o poder e o saber com mais atenção, possibilitando, assim, o estranhamento e a superação dos modelos impostos.

Sendo assim, destacamos a necessidade de um olhar diferenciado sobre o brincar corporal na educação infantil, que possibilite o estranhamento e o apontamento de novos caminhos e possibilidades pedagógicas de ação e reflexão.

A dualidade corpo/mente imposta à sociedade moderna e analisada por Foucault (2007) faz da escola um ambiente de docilização e disciplinamento. Enfatizamos que essas práticas disciplinadoras constituem ainda o fazer pedagógico do educador que atua hoje na educação infantil, ao qual direcionamos o nosso olhar para compreendermos a sua atuação em relação ao brincar corporal.

Para pensarmos a instituição escolar, especificamente as instituições destinadas à educação infantil, precisamos estar atentos ao que ocorre, além de como e por que certas práticas e discursos estão enraizados na ação pedagógica com a criança pequena.

Figura 1.2 – *Soberania e disciplinamento*

ruigsantos/Shutterstock

Na perspectiva de Foucault (1979, 2007), soberania, disciplinamento e biopoder[7] constituem as formas de dominação e docilização analisadas e descritas para a compreensão da sociedade moderna, bem como para a constituição das instituições e da formação do homem. A figura do rei é o destaque da soberania, entidade máxima da ordem e do poder que dispunha nos mais temerosos e cruéis castigos físicos para a punição corporal do erro.

Com a sensibilização popular, o reconhecimento do conceito de *humanidade*, dos direitos do homem e da evolução da organização da sociedade destituiu o rei de seu poder soberano, substituindo-o por novos instrumentos de controle, os quais tinham como alicerce o poder disciplinar. No contexto educacional, podemos considerar que a figura intocável do rei, repleta de poder e controle, é assumida pelos educadores em suas práticas de dominação e docilização, por meio da disciplina e da reprodução de modelos impostos pela sociedade, que tendem a moldar e controlar o corpo.

> De acordo com Foucault (1979), o poder é algo que circula, que é exercido em cadeia e que, apesar de não estar localizado nas mãos de alguns, funciona em rede.

Os estudos de Foucault (2007) relatam que, do século XVII ao início do século XX, era forte a crença de que o corpo deveria ser controlado de modo denso, rígido, constante e meticuloso. Dessas crenças surgiram, então, os terríveis regimes disciplinares de escolas, hospitais, entre outras instituições.

Para Foucault (2007), a Modernidade caracteriza-se como o período em que se instauram o governo e a governamentalidade[8] como tecnologias de dominação. As diversas instituições que se formam — presídios, hospitais e escolas — estão fundamentadas

---

7 O biopoder consiste na economia política da vida e no governo dos seres vivos por meio de ações relacionadas à saúde, à higiene, à natalidade etc. (Dornelles, 2005).
8 Conjunto de instituições, procedimentos e táticas que possibilitam a efetivação de programas de governo (Rose, citado por Bujes, 2001).

em um poder disciplinador que visa à obediência, à ordem e à dominação.

O controle exercido sobre o corpo, descrito por Foucault (1979, 2007), impõe uma coerção sem folga, que resulta em ações mecânicas, além do exercício do poder sobre o movimento. Essa relação, denominada *docilidade/utilidade*, deu origem a disciplinamentos entendidos por Foucault como formas de dominação, caracterizando o poder disciplinar.

As abordagens de Foucault quanto à disciplina, mesmo que tratadas, de maneira geral, em relação à organização de diversas instituições sociais, como hospitais, exércitos e escolas, incitam-nos a uma reflexão mais aprofundada desses princípios docilizantes e disciplinadores na prática pedagógica da educação infantil.

De acordo com a visão foucaultiana, a disciplina fabrica corpos dóceis e submissos, impõe regulamentos, inspeções e controle e é refletida nas concepções de educação e de criança que compõem o fazer pedagógico. Foucault (2007) ainda descreve a "arte das distribuições" como a primeira etapa disciplinatória, em que são utilizadas determinadas técnicas, como a distribuição de indivíduos no espaço, a clausura e a fila como formas de disciplinamento e segregação. Esse modelo se insere na organização escolar pelo emprego de filas, alinhamento de classes por idades e rígidas rotinas, entre outras formas de disciplinamento.

> Bujes (2001), compartilhando a expressão foucaultiana *maquinaria de poder*, aponta analogias importantes entre infância e poder, tratando a educação infantil institucionalizada como um dos meios inventados para governar o ser humano, o que molda as condutas infantis.

Ariès (1981, p. 10) também contribui com importantes reflexões para a contextualização da criança em relação ao ambiente escolar:

> A escola substitui a aprendizagem como meio de educação. Isso quer dizer que a criança deixou de ser misturada aos adultos e de aprender a vida diretamente, através do contato com eles. Começou então um longo processo de enclausuramento das crianças (como dos loucos, dos pobres e das prostitutas) que se estenderia até nossos dias; e ao qual se dá o nome de escolarização.

Ao pensarmos as especificidades da educação infantil e a maneira como ela é estabelecida, bem como a organização pedagógica e temporal desse nível de ensino, encontramos em Foucault (2007) aspectos importantes para a compreensão das questões relacionadas ao controle das atividades, particularmente no que se refere ao estabelecimento de rotinas e horários no contexto pedagógico, visto que entendemos que o brincar corporal deve estar integrado ao cotidiano educacional como componente essencial do desenvolvimento integral da criança.

Muitas vezes, a fragmentação de horários e o estabelecimento de regras rígidas em relação ao que a criança pode ou não fazer em determinado espaço ou tempo tornam difícil a articulação do trabalho corporal às demais atividades, dificultando sua realização plena. De acordo com Dornelles (2005, p. 54),

> Esses mecanismos disciplinares de vigilância e controle da criança produzem a infância moderna como objeto de poder/saber. Portanto, esse sujeito infantil é produto e efeito da disciplina, com sua subjetividade fabricada pela docilidade e utilidade inscritas em seu corpo. Esta escola deverá impor o que será conhecido e aprendido, estabelecerá parâmetros sobre o que cada sujeito deverá perguntar, organizar, produzir, pesquisar, fazer e compreender e isto tudo será feito através de uma minuciosa e constante vigilância efetivada por meio de sanções e microssanções. A escola da infância fará uso imediato e direto dessa forma de vigilância através de observações das crianças, do controle do espaço e tempo das rotinas e pelo comportamento das crianças.

Foucault (2007) também enfatiza a existência de outra forma de controle, denominada *biopoder* e caracterizada pelo poder exercido sobre a população. Esse controle se estabelece com o fortalecimento das ciências da saúde articuladas às políticas públicas, constituindo-se como meio de controle da vida exercido a partir de controle ou não de epidemias, cura para doenças e manutenção do bem-estar (seguridade social, previdências públicas).

O cuidado com a vida e a preocupação com o crescimento das populações se constitui como alvo do Estado, que caracteriza o biopoder e tem como função organizar e regulamentar as condutas para manter a disciplina. Dessa necessidade de controle advêm as ciências humanas, que corroboram para os princípios do Estado de conhecer para controlar.

As práticas de bem-estar social, aliadas às implicações do biopoder, integram a organização das instituições públicas de educação infantil e são fortemente influenciadas por um caráter assistencialista e médico-higienista para o atendimento das crianças pobres ou desamparadas. Cuidados com a alimentação, por exemplo, passam a compor o objetivo das instituições de atendimento à criança pequena, marcando assim a diferenciação entre as instituições de acordo com o nível social do público ao qual seriam direcionadas — instituições destinadas à assistência e ao bem-estar aos mais necessitados, à educação voltada ao desenvolvimento e à aprendizagem destinada às classes privilegiadas, porém repletas de docilização e controle (Cambi, 1999).

> O cuidado com a vida e a preocupação com o crescimento das populações se constitui como alvo do Estado, que caracteriza o *biopoder* e tem como função organizar e regulamentar as condutas para manter a disciplina.

> Os elementos presentes na teoria foucaultiana nos permitem perceber que tanto as ações pedagógicas quanto a constituição e a organização do ambiente educativo estão relacionadas às práticas de controle e docilização.

1.3.1 Panóptico: escola e disciplinamento

Ao longo desta obra, refletimos a respeito da instituição escolar, especificamente a educação infantil. Para isso, é importante compreender que esta se insere em um contexto maior, resultado de diferentes períodos históricos, interesses e necessidades. Para abordarmos o disciplinamento, aprofundamo-nos nos estudos foucaultianos relacionados ao vigiar e nas reflexões do chamado *panóptico de Bentham*[9], os quais oferecem possibilidades interessantes para a reflexão sobre o controle do corpo.

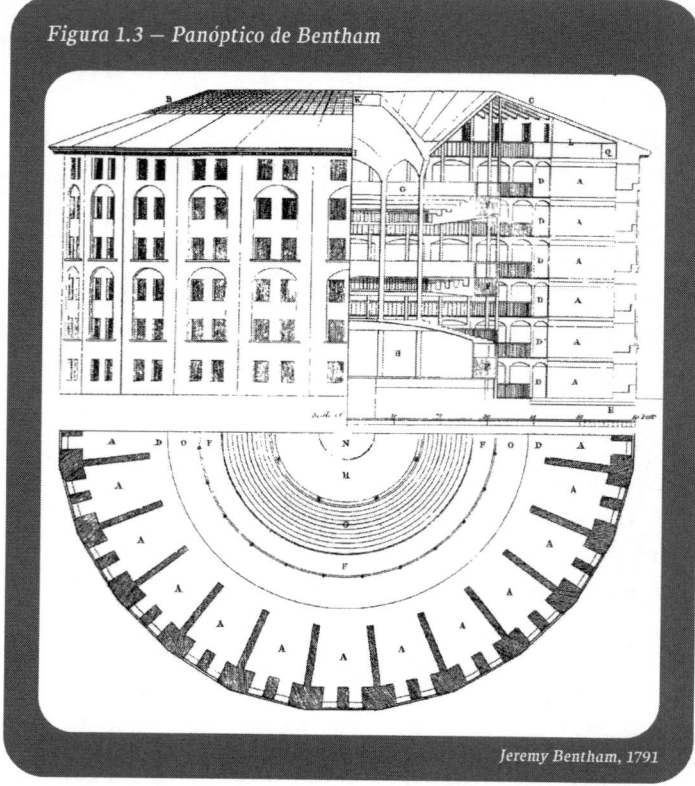

Figura 1.3 – Panóptico de Bentham

Jeremy Bentham, 1791

---

9 Foucault (2007) discute sobre a forma de controle e poder que, metaforicamente, segue o princípio do panóptico, um dispositivo penitenciário concebido pelo filósofo inglês Jeremy Bentham. Esse dispositivo é constituído de um edifício circular, no qual os prisioneiros ficavam permanentemente expostos à vigilância de uma torre central.

A partir do panóptico de Bentham, uma nova forma de vigilância se fez presente nas instituições, caracterizada pelo olhar constante visando à regulação e à manutenção da ordem. As construções onde eram instalados presídios e escolas tinham em sua arquitetura o marco do vigiar permanente, um espaço destinado ao olhar que amedrontava e organizava. Tal espaço era constituído de um edifício circular, no qual os indivíduos ficavam permanentemente expostos à vigilância de uma torre central. Hospitais, escolas e centros psiquiátricos se organizavam de forma que esse olhar permanente e vigilante pudesse manter os indivíduos organizados e disciplinados.

Dornelles (2005) destaca que, no panóptico, o observador pode olhar tudo sem ser visto, levando o indivíduo que é observado a pensar que está constantemente sendo vigiado. De acordo com Foucault (1979), Bentham afirmou que seu sistema óptico permitia exercer facilmente o poder; constituía-se, portanto, em uma grande inovação.

Dessa forma, o panóptico compõe as técnicas que asseguram a disciplina, ajustando-se à função de tornar o exercício do poder menos dispendioso, com efeitos mais intensos, propiciando ainda um ganho no aspecto econômico, o que torna os indivíduos, ao mesmo tempo, mais dóceis e úteis ao sistema (Foucault, 2007).

Ao relacionarmos o disciplinamento à escola, podemos perceber que, por vezes, o educador tende a apresentar fortes características da soberania de um rei, que remete à prática dominadora e possessiva, impondo-se como verdade incontestável.

Nesse contexto, a disciplina

> fabrica assim corpos submissos e exercitados, corpos "dóceis". A disciplina aumenta as forças do corpo (em termos econômicos de utilidade) e diminui essas mesmas forças (em termos políticos de obediência). Em uma palavra: ela dissocia o poder do corpo; faz dele por um lado uma "aptidão", uma "capacidade" que ela procura aumentar; e inverte por outro lado a energia, a potência que poderia resultar disso, e faz dela uma relação de sujeição estrita. (Foucault, 2007, p. 119)

É preciso também considerar que o disciplinamento a que os educadores são submetidos nos mais diversos aspectos da vida pessoal e profissional pode influenciar suas práticas pedagógicas.

> O panóptico descrito por Foucault (2007) nos faz compreender o poder do olhar como docilizante, organizador e punitivo. Esse vigiar permeia a prática pedagógica, visto que estamos impregnados de receios e não conseguimos, muitas vezes, nos livrar das amarras do que é estabelecido como norma e verdade, principalmente no que diz respeito ao corpo que se movimenta, se expressa e brinca na escola. Carvalho (2005) contribui para essas reflexões ao verificar que as instituições de educação infantil permanecem operando sobre a produção de subjetividades, ensinando a criança como ser e se relacionar no contexto na qual está inserida.

As restrições de tempo e espaço, atreladas a uma visão de educação fortemente influenciada por práticas de disciplinamento e docilização, ainda permanecem como obstáculo para a efetivação do brincar corporal na prática pedagógica, bem como para a reflexão sobre a criança, o corpo e a superação dos padrões e normas estabelecidos para a educação infantil.

1.4 Conceituando o brincar: espaço do corpo em movimento na educação infantil

Para refletirmos sobre a prática pedagógica do educador infantil em relação ao corpo e ao movimento que compõem o denominado *brincar corporal*, trataremos do brincar na infância, tendo em vista que é nas atividades lúdicas que estão as possibilidades de ação pedagógica relativas ao corpo e ao movimento da criança pequena e disponíveis ao educador em seu cotidiano. A criança brinca, e nesse brincar há um ser expressivo, um corpo que se movimenta e precisa ser integrado às demais ações do cotidiano educacional.

O lúdico relacionado ao prazer, ao gosto e à satisfação é discutido por autores de diferentes áreas do conhecimento, entre elas a filosofia, a sociologia e a pedagogia. Nesse contexto, optamos pela definição apresentada por Carleto (2003), que enfatiza a diversidade de conceitos que envolvem o termo *lúdico*, sendo este utilizado como sinônimo para os conceitos de *jogo* e *brincadeira* e do qual derivam as expressões *atividades lúdicas* e *práticas lúdicas*. Segundo Carleto (2003, p. 100),

> Através de atividades lúdicas, a criança é capaz de relacionar as coisas umas com as outras, e ao relacioná-las é que elas constroem o conhecimento. Atividades lúdicas pressupõem ação e por esse fato, provocam a cooperação e a articulação de pontos de vista, estimulando a representação e engendrando a operatividade. Há oportunidade para o desenvolvimento da lógica, do relacionamento humano, das responsabilidades coletivas e da criatividade.

As atividades lúdicas nos oferecem possibilidades de inserção do trabalho corporal na educação infantil, visando o desenvolvimento da criança de maneira integral. A respeito disso, ressaltamos os escritos de Moyles (2002) e Moyles et al. (2006), nos quais encontramos fundamentos que nos permitem compreender a atividade corporal como parte integrante do brincar.

Outro aspecto importante da abordagem de Moyles (2002) é o envolvimento dos adultos no ato de brincar, o que nos impulsiona a discutir as questões referentes ao componente corporal do brincar sob a óptica das relações de poder, as quais fazem parte do envolvimento corporal e lúdico do adulto, que nesse caso é o educador.

> A criança brinca, e nesse brincar há um ser expressivo, um corpo que se movimenta e precisa ser integrado às demais ações do cotidiano educacional.

oliveromg/Shutterstock

Moyles (2002) enfatiza que a criança precisa se movimentar, e que o brincar físico propicia o domínio do próprio corpo e a competência nos próprios movimentos, possibilitando sentimentos de confiança e valor pessoal. O autor destaca ainda que a linguagem corporal é um importante veículo de aprendizagem.

Os estudos do referido autor contribuem para ampliar o olhar do educador sobre essa atividade, apontando possibilidades de discussões e de sua efetivação no contexto da educação infantil.

Apresentamos, assim, o termo *brincar corporal*, construído com base na compreensão do "brincar físico" atribuído a Moyles (2002), no intuito de ressaltar a amplitude de possibilidades do brincar, bem como as possíveis articulações com estudos de outras vertentes, como a corporeidade e a psicomotricidade, desenvolvidos por estudiosos da educação física (Le Boulch, 2008; Moreira, 1995; Gonçalves, 1994).

Nessa perspectiva, consideramos um contexto de atuação lúdica que envolva o profissional da educação, independentemente de ser ou não professor de educação física, com o intuito de apontar a necessidade de um brincar corporal integrado à prática educativa da educação infantil.

Assim, o brincar corporal propõe o trabalho com o corpo e o movimento em suas diversas dimensões (físicas, sociais, emocionais, lúdicas, afetivas, expressivas etc.).

> O brincar ajuda os participantes a desenvolver [sic] confiança em si mesmos e em suas capacidades e, em situações sociais, ajuda-os a julgar as muitas variáveis presentes nas interações sociais e a ser empático com os outros. Oferece situações em que as habilidades podem ser praticadas, tanto as físicas quanto as mentais. (Moyles, 2002, p. 22)

A aprendizagem é corporal, independentemente da área de conhecimento ou do nível de ensino. Na escola, temos seres que agem corporalmente no ambiente: movimentam-se, brincam, cantam, expressam emoções etc. Porém, muitas vezes, essa forma de manifestação física dos alunos ainda é ignorada.

A linguagem corporal é um importante veículo de aprendizagem.

> Um aprendizado com significado e que aconteça de forma integral deve contemplar o corpo como expressão da totalidade humana e da potencialidade individual, permeada por uma constituição histórica e cultural. O aluno, o professor e a instituição educativa são constituídos em uma atmosfera cultural, da qual fazem parte o corpo e o fazer pedagógico.

Moyles (2002) evidencia que a dimensão corporal que compõe o brincar facilita as relações interpessoais e a compreensão da criança sobre si mesma e do ambiente que a cerca, além de estar diretamente relacionada às aprendizagens físicas, como o controle corporal, a agilidade, o equilíbrio, os poderes manipulativos sobre materiais, a competência de movimentos, entre outras capacidades que fortalecem ainda mais os sentimentos de confiança e valor pessoal.

Quanto à atuação do educador da infância, acreditamos ser fundamental o entendimento do brincar na prática pedagógica, pois existem padrões disciplinadores e docilizantes sob os quais, muitas vezes, as instituições educacionais se organizam, terminando por fazer com que estas permaneçam submissas às práticas de governamento e produção.

Assim sendo, situações vivenciadas pelas crianças na escola e que oferecem inúmeras possibilidades corporais, como as que são descritas por Moyles (2002) e Moyles et al. (2006), tendem a passar despercebidas diante do atribulado cotidiano das instituições de educação infantil e da falta de atenção e preparo dos educadores em relação ao brincar corporal.

1.4.1 O educador e o brincar corporal: o respeito pelo espaço do corpo na educação infantil

Ao pensarmos sobre a criança, devemos considerar que o seu desenvolvimento integral, bem como as suas possibilidades de construção do conhecimento, estão diretamente relacionados às suas vivências e à qualidade em seu meio social — no qual o espaço educacional está incluso.

Os ambientes pelos quais a criança transita na escola devem possibilitar as mais diversas e diferenciadas formas de interação e convívio, rompendo assim a tradicional prática pedagógica de fragmentação do ser e da negligência em relação à atividade corporal.

> Ao tratar do papel do educador em relação à exploração das capacidades corporais e lúdicas da criança, Moyles (2002) ressalta que o brincar em situações educacionais proporciona não só um meio real de aprendizagem, mas permite também que os adultos perceptivos e competentes aprendam sobre as crianças e suas necessidades.

A valorização da diversidade, o desenvolvimento de potencialidades e a criação de novas possibilidades pedagógicas podem ser propiciados às crianças por meio do brincar corporal, compreendido e aplicado no ambiente educativo.

Moyles (2002, p. 33) ressalta que

> Por meio do brincar livre, exploratório, as crianças aprendem alguma coisa sobre situações, pessoas, atitudes e respostas, materiais, propriedades, textura, estruturas, atributos visuais, auditivos e cinestésicos. Por meio do brincar dirigido, elas têm outra dimensão e uma nova variedade de possibilidades estendendo-se a um relativo domínio dentro daquela área ou atividade.

O brincar, nas suas mais variadas formas, utiliza-se de toda a capacidade de expressão corporal que a criança tem ou que constrói ao longo de sua interação com o meio. Para os diferentes momentos da vida, os sistemas corporais apresentam diferentes níveis de desenvolvimento e ritmo. A criança necessita, assim, de oportunidades de utilizar o corpo e o movimento para interagir com o mundo, ou seja, participar de atividades que, segundo Marcellino (2003), "tenham ressonância na alma das crianças". É nesse sentido que vemos as possibilidades do brincar corporal como oportunidade de explorar, sentir, expressar e representar.

Diego Cervo/Shutterstock

O brincar é uma atividade séria, que deve ser respeitada pelo adulto, pois, na mesma proporção em que este dedica toda a sua atenção ao trabalho, a criança o faz por meio do brincar, sendo este repleto de significados, visto que, para ela, segundo Seber (1995), seriedade, alegria, esforço e interesse não são sentimentos antagônicos, já que a criança empenha ao ato de brincar o mesmo esforço que dedica ao andar, ao falar ou ao comer.

A criança desenvolve a memória, sua representação de mundo, de si e do outro, sente prazer ao brincar e envolve-se em valiosas situações de emoção e afetividade (Oliveira, 2010).

O ato de brincar favorece o equilíbrio afetivo da criança e possibilita a ela a posse de signos sociais já constituídos, exigindo também uma transformação gradativa das formas pelas quais ela se relaciona com o mundo, que se dão, por exemplo, por meio da comunicação interpessoal, da negociação de regras e dos papéis que assume ao construir sua brincadeira. Assim, a criança desenvolve a memória, sua representação de mundo, de si e do outro, sente prazer ao brincar e envolve-se em valiosas situações de emoção e afetividade (Oliveira, 2010).

O ato de brincar, além do meio de aprendizagem que representa, permite que adultos perceptivos e competentes possam aprender sobre as especificidades e as individualidades da criança, fornecendo assim um ponto de partida para que possam auxiliá-las na aquisição de novas aprendizagens.

É brincando que a criança experimenta o mundo adulto e demonstra sua compreensão por meio dessas experiências vivenciadas. O brincar permite que corpo e cérebro estejam ativos, o que motiva e desafia a criança na busca de novas informações e conhecimentos, podendo representar, por vezes, a fuga da realidade, a fim de evitar uma situação que não lhe agrada ou a qual não compreende (Moyles, 2002).

> A utilização do brincar na escola, muitas vezes equivocada, traz à tona as discussões entre brincar e trabalho, diante da ideia de que o brincar representa o ócio, o descanso, e que as atividades para serem representativas à aprendizagem precisam necessariamente estar vinculadas a uma rotina rígida e a uma metodologia tradicional de transmissão de conteúdos.

No contexto da educação infantil, em virtude da ausência de profissionais capazes de compreender e discutir o valor do brincar corporal na prática educativa, às vezes essa atividade é excluída diante de inúmeras outras ações que compõem o cotidiano escolar, como se ler, escrever e calcular não tivesse nenhuma relação com o corpo e o brincar.

É necessário repensar a relação entre aprendizagem, prazer e trabalho. A escola precisa romper com esse paradigma socialmente construído, desvinculando o aprender do poder e da dominação.

Desse modo, talvez o educador possa empregar no fazer pedagógico o repertório de brincadeiras que a criança conhece, a fim de permitir uma infinidade de possibilidades pedagógicas que incluem o brincar corporal e orientam a elaboração e a efetivação da aprendizagem. O brincar e o corpo relacionam-se diretamente com a criatividade, a linguagem, a exploração do meio e a expressão, associando-se também ao aprender.

2

O BRINCAR CORPORAL NA EDUCAÇÃO INFANTIL:
o corpo em movimento e as possibilidades pedagógicas

Para pensarmos esse corpo infantil, que é essencialmente movimento e que aprende, expressa, brinca, cria e se desenvolve, buscamos abordar a dimensão corporal do brincar como espaço do corpo em movimento na educação infantil. Queremos instigar a discussão relacionada à compreensão de que o corpo está integrado ao contexto geral da ação pedagógica com a criança pequena, e que essa prática é conduzida pelo educador com formação em pedagogia, área na qual o brincar, o corpo e o movimento precisam estar articulados.

lunamarina/Shutterstock

2.1 O brincar corporal na educação infantil

Dialogar sobre o brincar corporal nas instituições de educação infantil nos leva a tratar de um corpo que historicamente foi negligenciado na formação humana, seja em âmbito pessoal (restrições da emoção, da expressividade e da sexualidade), seja nas instituições de ensino, com o domínio e a restrição de movimentos. Aspectos relacionados ao brincar, à criança e ao corpo nos incentivaram a pensar em como se constitui a prática pedagógica da educação infantil na atualidade e quais são o espaço e a atenção destinados ao brincar, especificamente ao brincar corporal.

Hoje verificamos que ações disciplinadoras, já não tão evidentes ou impostas, ainda permanecem em nosso cotidiano pedagógico — seja na organização do espaço escolar, seja na atuação dos educadores —, trazendo resquícios da dominação e do controle sobre o corpo. São comuns nos ambientes educativos as discussões e polêmicas sobre o brincar e o aprender, assim como é comum que os espaços sejam escassos e restritos para as crianças brincarem, impossibilitando o movimento e a exploração corporal.

> Esse brincar e esse corpo, negligenciados na escola, fazem parte de diversas culturas e trazem em si a história dos mais diversos povos que, de maneiras distintas e por motivos próprios de cada cultura, cantam, dançam, se expressam e se comunicam corporalmente.

Ao pensarmos em *cultura*, direcionamos o olhar para a escola. Compreendemos a escola como instituição formal de ensino socialmente constituída, à qual todo cidadão tem direito ao acesso, e que visa à disseminação do conhecimento científico e sistematizado, bem como o atendimento a necessidades específicas de um determinado período histórico, além de ser meio para a construção e a apropriação da cultura.

Independentemente do público ao qual a escola atende, ela está inserida em diferentes ambientes culturais e, portanto, exposta a diversas realidades, valores, necessidades e aspirações. Desse modo, o indivíduo se constitui em meio a influências culturais do ambiente ao qual integra. Dessa forma, percebemos o corpo e suas manifestações como um importante componente cultural, pois nele são inscritas histórias, costumes e valores de diferentes contextos históricos e sociais (Geertz, 1989; Santin, 1987).

Moyles et al. (2006) enfatiza as diferentes abordagens do brincar em cada país e em cada cultura, destacando o valor do reconhecimento tanto dessas especificidades quanto do lugar de onde se pesquisa e se descreve esse elemento cultural, visto que sua necessidade é oficialmente reconhecida. No entanto, o seu valor como instrumento educacional não foi necessariamente aceito por todas as culturas (Moyles et al., 2006).

Outro aspecto importante destacado por Moyles et al. (2006) é a separação entre o brincar e o trabalhar. Segundo os autores, isso dificulta o entendimento do brincar, visto que ele está atrelado ao prazer, enquanto o trabalho remete ao sofrimento, e a superação dessa fragmentação poderia dar fim à necessidade de convencer constantemente políticos e outros integrantes da sociedade de que, quando a criança brinca, ela também aprende.

> Além do aspecto cultural, brincar é um direito da criança destacado na Declaração dos Direitos da Criança (Unicef, 2013), assim como está subentendido no art. 227 da Constituição Federal de 1988 (Brasil, 1988), ao tratar do direito da criança ao lazer e à cultura, além de estar enfatizado no Estatuto da Criança e do Adolescente (ECA) – Lei n. 8.069, de 13 de julho de 1990 (Brasil, 1990) –, em seu art. 16, em que trata do direito à liberdade e enfatiza o brincar, o praticar esportes e o divertir-se.

No que diz respeito às legislações e aos documentos específicos da área educacional, a Lei Federal n. 9.394, de 20 de dezembro de 1996, denominada *Lei de Diretrizes e Bases da Educação Nacional* — LDBEN (Brasil, 1996), em seu art. 29, assegura o desenvolvimento integral da criança na educação infantil. Já o Referencial Curricular Nacional para a Educação Infantil — RCNEI (Brasil, 1998) descreve a utilização do brincar como meio de atender às especificidades afetivas, emocionais, sociais e cognitivas das crianças de zero a seis anos. De acordo com o referido documento,

> O brincar apresenta-se por meio de várias categorias de experiências que são diferenciadas pelo uso do material ou dos recursos predominantemente implicados. Essas categorias incluem: o movimento e as mudanças da percepção resultantes essencialmente da mobilidade física das crianças; a relação com os objetos e suas propriedades físicas assim como a combinação e associação entre eles; a linguagem oral e gestual que oferecem [sic] vários níveis de organização a serem utilizados para brincar; os conteúdos sociais, como papéis, situações, valores e atitudes que se referem à forma como o universo social se constrói; e, finalmente, os limites definidos pelas regras, constituindo-se em um recurso fundamental para brincar. (Brasil, 1998, p. 28)

Os estudos de Moyles (2002) e Moyles et al. (2006), desenvolvidos juntamente com uma equipe de pesquisadores que buscam compreender as mais diversas formas e implicações do brincar, trazem-nos importantes considerações a respeito da relação brincar-corpo-escola. O brincar é discutido e apresentado de acordo com culturas, espaços, gênero e suas interfaces diante das diferentes áreas de conhecimento que compõem o currículo escolar.

> Vivemos em um país miscigenado, constituído de um povo culturalmente corporal, que teve influência do dançar afro, do corpo colorido do indígena, do bater de pés da roda portuguesa, do falar com as mãos dos italianos, entre tantas outras características corpóreo-expressivas. E esse "corpo" e essa "cultura" permanecem fora da escola.

As crianças não recebem apenas uma cultura constituída que lhes atribui lugar e papéis sociais, mas também operam transformações nessa cultura, seja na forma como a interpretam e integram, seja nos efeitos que nela produzem com base em suas próprias práticas (Sarmento, 2005a).

Ao pensarmos no comprometimento cultural da escola, consideramos que os elementos culturais podem revelar as especificidades do fazer pedagógico que permeiam a compreensão do aluno, do ambiente escolar e da prática do educador e indicar novas possibilidades de trabalho com o corpo da criança.

O olhar atento aos aspectos culturais de cada um dos componentes da escola pode detectar realidades e possibilidades diferenciadas, o que facilita a compreensão das representações, dos sentidos, dos significados, das necessidades e das reestruturações, podendo rever assim a questão corporal e propor ações de valorização do movimento, do corpo e da cultura. O corpo do educador faz parte de determinada cultura, de um tempo e de uma história, sendo marcado por relações de poder e docilização fortemente influenciadas por concepções culturais que tendem à dualidade corpo/mente.

> O brincar é discutido e apresentado de acordo com culturas, espaços, gênero e suas interfaces diante das diferentes áreas de conhecimento que compõem o currículo escolar.

> Ao entrar na escola, a criança traz consigo experiências, valores e conhecimentos anteriores à vivência escolar, que fazem parte do ambiente cultural ao qual ela pertence e que não podem ser ignorados pela escola.

A escola tende a valorizar os conteúdos e os resultados obtidos, por vezes sem a devida atenção ao processo de aprendizagem. Gonçalves (1994) ressalta que a aprendizagem de conteúdos é uma prática sem corpo, não apenas pela exigência de um aluno imóvel, mas principalmente porque a característica do ensino é colocar o educando em um mundo distinto daquele onde ele age, interage, pensa e aprende com seu corpo.

Moyles et al. (2006, p. 18) ressaltam que "a sensibilidade dos educadores em relação ao brincar jamais poderá ser suficientemente enfatizada", destacando a importância da capacidade de centrar as atividades naquele que brinca, ou seja, na criança.

A escola tende a valorizar os conteúdos e os resultados obtidos, por vezes sem a devida atenção ao processo de aprendizagem.

Para que a aprendizagem seja compreendida como corporal, faz-se necessário pensar a formação do educador, suas vivências com o brincar e sua sensibilização corporal, a fim de que esteja disposto a brincar e ensinar, ensinar e brincar ou "somente brincar", com toda a riqueza de possibilidades que essa ação oferece.

2.1.1 A prática pedagógica na educação infantil e o brincar corporal

Qual é a educação infantil que desejamos? Como tratamos o corpo no cotidiano desse nível de ensino? Que crianças/indivíduos estamos formando?

Muitas são as inquietações ao pensarmos sobre a educação infantil e as práticas pedagógicas que a constituem. A rotina rígida, a contenção do movimento, a limitação da expressão e a pouca atenção à voz da criança são construídas em prol de um determinado modelo de sociedade e ainda hoje são entendidas por muitos educadores como "naturais". Diante dessas consequências disciplinadoras provenientes da Modernidade, formam-se gerações e gerações de seres que ignoram as reais capacidades exploratórias, cognitivas, de sensibilidade e prazer que envolvem a prática corporal — mais especificamente a prática corporal na escola.

Nesse ambiente escolar restritivo e controlador é que o homem é formado, consequência do que Freire (1996) denomina *educação bancária*, na qual os conteúdos são "depositados" sem articulação com o real, de forma desprovida de sentido, por meio de corpos docilizados, receptivos, calados e organizados. A escola tende a valorizar o ensino tradicional, responsável por posturas racionais, de formação única e metódica.

Foucault (2007) enfatiza que a disciplina controla os corpos, produzindo a individualidade composta de quatro características: celular, dada pelo jogo de repartição espacial; orgânica, caracterizada pela codificação das atividades; genética, pela acumulação do tempo; e combinatória, vista na composição das forças e usando a disciplina como forma de adestramento e manipulação do indivíduo.

Apesar dos estudos específicos da área, a educação infantil incorporou diversos elementos da estrutura rígida e punitiva do já estabelecido sistema educacional, como as divisões por idades, a regulação do tempo, a delimitação do espaço e a instauração de rígidas rotinas organizativas.

O lúdico, o corpo e as diferenças entre as crianças acabam sendo perdidos diante de um sistema massificante, direcionado a uma lógica capitalista, excludente, seletiva e racionalista, em que o ambiente, as emoções, os sentimentos e os prazeres são renegados.

> A escola tende a valorizar o ensino tradicional, responsável por posturas racionais, de formação única e metódica.

> Brincar não consiste em perda de tempo, nem é simplesmente uma forma de preencher o tempo... Habilmente a escola sufoca qualquer possibilidade de existência corporal por parte da criança, dando ênfase incansavelmente ao cognitivismo, tão ao gosto de uma sociedade que é especialista em formar rebanhos. (Soares; Figueiredo, 2009, p. 124)

Nesse sentido, o brincar corporal é abordado e considerado no contexto escolar como uma das formas auxiliares na obtenção de uma educação integral da criança. Trata-se de um tema amplo e complexo, que deve ser considerado e enfatizado em seus aspectos pedagógicos, cujos benefícios em relação ao desenvolvimento infantil devem ser evidenciados, bem como as relações humanas e o processo de ensino e aprendizagem. Portanto, sua inserção no contexto da escola deve ser valorizada.

Poznyakov/Shutterstock

Tendo em vista a necessidade de análise e compreensão da prática pedagógica na educação infantil, particularmente no que se refere ao brincar corporal, trazemos à discussão os objetivos que compõem a educação infantil, segundo o RCNEI (Brasil, 1998):

A prática da educação infantil deve se organizar de modo que as crianças desenvolvam as seguintes capacidades:
- desenvolver uma imagem positiva de si, atuando de forma cada vez mais independente, com confiança em suas capacidades e percepção de suas limitações;
- descobrir e conhecer progressivamente seu próprio corpo, suas potencialidades e seus limites, desenvolvendo e valorizando hábitos de cuidado com a própria saúde e bem-estar;
- estabelecer vínculos afetivos e de troca com adultos e crianças, fortalecendo sua autoestima e ampliando gradativamente suas possibilidades de comunicação e interação social;
- estabelecer e ampliar cada vez mais as relações sociais, aprendendo aos poucos a articular seus interesses e pontos de vista com os demais, respeitando a diversidade e desenvolvendo atitudes de ajuda e colaboração;
- observar e explorar o ambiente com atitude de curiosidade, percebendo-se cada vez mais como integrante, dependente e agente transformador do meio ambiente e valorizando atitudes que contribuam para sua conservação;
- brincar, expressando emoções, sentimentos, pensamentos, desejos e necessidades;
- utilizar as diferentes linguagens (corporal, musical, plástica, oral e escrita) ajustadas às diferentes intenções e situações de comunicação, de forma a compreender e ser compreendido, expressar suas ideias, sentimentos, necessidades e desejos e avançar no seu processo de construção de significados, enriquecendo cada vez mais sua capacidade expressiva;
- conhecer algumas manifestações culturais, demonstrando atitudes de interesse, respeito e participação frente a elas e valorizando a diversidade. (Brasil, 1998, p. 63)

As possibilidades de trabalho corporal na educação infantil estão indicadas em expressões como "descobrir e conhecer progressivamente seu próprio corpo", "vínculos afetivos e de troca", "relações sociais", "brincar", "diferentes linguagens" e "manifestações culturais". Ressaltamos que uma postura docilizante e controladora por parte do educador e do ambiente escolar podem impedir a efetivação de tais objetivos.

> Um dos grandes desafios para a prática pedagógica na educação infantil é a integração do brincar corporal às demais práticas pedagógicas. Assim, ao tratar do movimento implícito no ato de brincar, Seber (1995) enfatiza que seu domínio interfere diretamente nos relacionamentos sociais e nos sentimentos, visto que, quando o pensamento da criança se desenvolve, é por meio dos movimentos que ela inicialmente se expressa e, posteriormente, também por meio da linguagem.

O *brincar físico*, assim denominado por Moyles (2002) e aqui tratado como *brincar corporal*, caracteriza-se como uma das formas mais representativas do lúdico, cabendo ao educador garantir o desenvolvimento da aprendizagem em seus diversos fatores – intelectuais, físicos, morais, sociais, éticos ou estéticos –, em uma compreensão abrangente de aprendizagem. A criança precisa compreender a si mesma e ter confiança em suas capacidades para o desenvolvimento de sua autonomia.

> **A** criança precisa compreender a si mesma e ter confiança em suas capacidades para o desenvolvimento de sua autonomia.

As práticas lúdicas e corpóreas implementadas no fazer pedagógico da educação infantil relacionam-se estreitamente à compreensão do educador no que se refere à sua atuação pedagógica, às concepções que permeiam seu cotidiano educativo, à percepção dele em relação à criança e ao corpo, bem como em relação à forma de entendimento da linguagem e das relações afetivas que remetam à importância da formação inicial e continuada e tratem do brincar e do corpo da criança. Destacamos a estrutura escolar – tanto física quanto organizacional – como delimitadora de determinadas práticas que envolvem o brincar, o corpo e o movimento.

Para Lemos (2007), os especialistas que construíram conhecimentos em torno do brincar tinham essa atividade como um mecanismo de controle da infância na Modernidade, sujeitando as crianças a certos modos de viver e agir e produzindo corpos infantilizados, obedientes e capacitados. Desse modo, o autor ressalta a emergência de novas formas de experimentação da vida por meio do brincar que não estejam aprisionadas a modelos capitalistas e instrumentais.

Com base nas discussões apresentadas por Lemos (2007), ressaltamos o caráter instrumental atribuído ao brincar na educação infantil, o qual carece ser tratado com prudência diante dos discursos sobre o aprender brincando. A criança aprende, sim, pelo brincar, porém a regulação e o excessivo direcionamento desse brincar a objetivos específicos podem inibir a riqueza de possibilidades do brincar corporal.

> O RCNEI (Brasil, 1998, p. 28) enfatiza o brincar como um espaço de atuação do educador, destacando que "é o adulto, na figura do professor, portanto, que, na instituição infantil, ajuda a estruturar o campo das brincadeiras na vida das crianças".

Partindo do pressuposto de que o RCNEI (Brasil, 1998) é oficialmente considerado como diretriz para a educação infantil, consideramos limitadores os aspectos nele abordados, visto que considera o educador como figura central responsável pelo controle do brincar, possibilitando o entendimento de que a atividade lúdica tenha um caráter meramente instrumental, pois o brincar é estruturado de acordo com o que se quer ensinar (jogar ou brincar com ênfase em determinado conteúdo).

Quanto ao corpo e ao brincar tratados no referido documento, evidenciamos que as palavras *brincar* e *corpo* aparecem inúmeras vezes ao longo do texto, porém sem suficientes elementos que os articulem, ou, ainda, que relacionem o brincar com o movimento corporal.

> Ao discutirmos a importância do corpo na educação da criança, bem como no fazer pedagógico do educador, encontramos nos estudos de Garanhani e Moro (2000) conhecimentos e discussões que enfatizam que o corpo e o movimento devem estar inseridos no processo de formação dos educadores para que possam compreender os significados do corpo infantil.

Com base em pesquisas com educadores, Garanhani (2005, 2006) apresenta dados importantes sobre a atuação pedagógica lúdica na educação infantil que trazem elementos valiosos para esta obra. Entre as considerações da autora, destacamos a atenção dedicada à formação dos educadores, quesito indispensável para uma prática pedagógica coerente e de qualidade.

BGStock72/Shutterstock

Para definirmos o brincar corporal inserido na ação do educador da infância, utilizamos a expressão *prática pedagógica lúdica*, organizada com base em Moyles (2002), para quem o lúdico engloba vários elementos infantis, como o movimento, o brincar, a fantasia, a interação e a linguagem, os quais se constituem em fundamentos para a construção de uma educação da infância.

Ao tratarmos da importância da prática pedagógica lúdica na educação infantil, ressaltamos a fala de Alves (2005, p. 65-66), que nos faz refletir sobre a ação lúdica do educador:

> Há brinquedos que são desafios ao corpo, à sua força, habilidade, paciência... E há brinquedos que são desafios à inteligência. A inteligência gosta de brincar. Brincando, ela salta e fica mais inteligente ainda. Brinquedo é tônico para a inteligência. Mas se ela tem que fazer coisas que não são desafio, ela fica preguiçosa e emburrecida. Todo conhecimento científico começa com um desafio: um enigma a ser decifrado! [...] Brinquedos, desafios à inteligência. Mas, para isso, é claro, é preciso que o professor saiba brincar e tenha uma cara de criança, ao ensinar. Porque cara feia não combina com brinquedo...

A necessidade de um educador adequadamente preparado para brincar é ressaltada com sutileza por Alves (2005), que, em muitos de seus escritos, menciona os desafios e os encantos da prática educativa e a grandiosidade das relações humanas, do afeto e do corpo expressivo e livre. Essas características estão implícitas no cotidiano pedagógico e precisam ser percebidas pelos educadores.

> A compreensão de criança, de acordo com Dornelles (2005), perpassa o entendimento desta como um ser de seu tempo, inserida em uma realidade específica e com capacidades que transcendem a fragilidade e a inocência.

> Em relação ao papel da atividade corporal e lúdica, contextualizada e inserida ao cotidiano educativo, faz-se necessário um estudo da criança cada vez mais direcionado à sua realidade, suas necessidades e possibilidades. Para tal, contamos com as contribuições de pesquisas que apontam a necessidade de a criança ser ouvida e percebida como ser integrante e participativo no processo de construção de conhecimentos e na sociedade, como vem sendo discutido nos estudos da sociologia da infância (Sarmento, 2002, 2005b, 2007).

A compreensão de criança, de acordo com Dornelles (2005), perpassa o entendimento desta como um ser de seu tempo, inserida em uma realidade específica e com capacidades que transcendem a fragilidade e a inocência. Pensar a criança hoje, segundo a autora, requer atenção ao corpo, à expressão e ao que essa criança tem a dizer.

2.2 A criança hoje: contribuições da sociologia da infância

Com base na necessidade de compreensão da criança inserida no contexto atual, já destacada ao longo deste capítulo, apresentamos reflexões fundamentadas nos estudos da sociologia da infância, considerando os aspectos históricos e sociais que influenciam na concepção de infância, criança e educação e que perpassam as práticas pedagógicas da educação infantil, tendo em vista as novas possibilidades de compreensão da criança e da prática educativa.

Ao tratarmos, no Capítulo 1, da instauração de um sentimento de infância durante a Modernidade e, consequentemente, da organização social em estabelecer o atendimento a esses seres, vistos como frágeis e indefesos, foi possível compreendermos algumas das características da educação infantil, dentre as quais estão o assistencialismo e o cuidado, que atingem diretamente as concepções de corpo e lúdico estabelecidas.

> A criança é considerada como o não-adulto e este olhar adultocêntrico sobre a infância regista [sic] especialmente a ausência, a incompletude ou a negação das características de um ser humano "completo". A *infância* como a idade do *não* está inscrita desde o étimo da palavra latina que designa esta geração: *in-fans* – o que não fala. (Sarmento, 2005a, p. 23, grifo do original)

Para Sarmento e Gouvea (2008), na Modernidade foram instauradas práticas de confinamento das crianças em espaço privado sob os cuidados da família e das instituições sociais, com base em princípios de eugenia[1] e assistencialismo estabelecidos diante da percepção que se constituiu da criança como ser frágil e moldável, a fim de protegê-la de possível desviância[2] ou indigência, preservando, assim, o caráter e a saúde.

> Segundo Sarmento (2005b), a infância é historicamente construída em um processo longo, que atribui a ela um estatuto social, com normas e referenciais do seu lugar na sociedade.

Em suas considerações, o autor remete-se a Foucault (2007), que define a escola como dispositivo simbólico de inculcação cultural e disciplinamento, fatores considerados fundamentais para a compreensão a respeito do corpo e do espaço existentes no ambiente escolar.

Segundo Sarmento (2005b), a infância é historicamente construída em um processo longo, que atribui a ela um estatuto social, com normas e referenciais do seu lugar na sociedade.

Em entrevista concedida a Delgado e Muller (2006), Sarmento destaca que o lugar da criança na contemporaneidade é de mudança, superando a negatividade que a constituiu, e a caracteriza como ser que não trabalha, não vota, não é eleita e não é punível por crimes, características que definem as ações de instituições como a escola e a família.

---

1 Teoria que busca condições propícias para o melhoramento da raça humana.
2 Termo utilizado por Sarmento (2008, p. 19) com sentido de "desencaminhar".

A sociologia da infância considera as formas próprias de participação da criança na vida coletiva, visto que, desde bebês, todas elas têm múltiplas linguagens, interagem com o mundo, vinculam-se ao real e trabalham em diversas atividades que preenchem seu cotidiano. Ainda, suas vidas têm múltiplas dimensões, agem e interagem, pensam, sentem, comunicam-se e constroem seu ambiente, o que nos permite olhar para a criança como ser social que participa, opina, pensa e sente diante de seu contexto cultural, o que possibilita a superação da visão adultocêntrica e permite que ela perceba-se por si mesma (Sarmento, 2005a, 2005b).

Portanto, rejeitamos a ideia da criança naturalmente desenvolvida, tratada como ser que recebe, transforma e recria aquilo que absorve, atribuindo-lhes significados diferenciados de acordo com o que vive.

> Considerando os estudos de Sarmento (2002), Trevisan (2007) destaca que a infância não poderá mais ser compreendida como idade da não fala, não razão ou não trabalho, uma vez que as crianças apresentam múltiplas linguagens, constroem sua razão nas interações do cotidiano e desenvolvem múltiplas tarefas no ambiente que habitam.

Na reflexão sobre a necessidade de compreensão a respeito da criança, do brincar corporal e da educação infantil, Tomás (2007) contribui significativamente ao apontar que a relação entre pares e a ludicidade são espaços para o entendimento da ação da criança, suas formas de interpretação e seus sentimentos. Isso remete-se ao que Sarmento (2005a) compreende como processos de apropriação da realidade pela criança e apropriação do mundo.

Para ampliar a reflexão dessa temática, ressaltamos que os autores que contribuíram para os estudos da infância enfatizam as abordagens de Benjamin (2009), ao tratar a criança como sujeito de diálogo em busca do resgate do patrimônio da cultura infantil (músicas, histórias, brinquedos e brincadeiras), e de Huizinga (2000), que estabelece um instigante estudo sobre o jogo, destacando a atividade lúdica não como domínio da criança, mas como forma de expressão humana.

> Assim, para o entendimento das particularidades da criança, do brincar corporal e da educação infantil, consideramos fundamental a abordagem do educador como ser participativo e responsável pela compreensão e valorização do brincar na prática pedagógica.

2.3 A criança de hoje e o educador de ontem: a necessidade de um novo olhar sobre a prática pedagógica na educação infantil

Tendo em vista a complexidade do educar e a necessidade de desenvolvimento integral da criança, faz-se necessário apontar novas possibilidades para a atuação pedagógica lúdica na educação infantil, considerando a importância de tratarmos do educador e de sua formação pessoal e profissional quanto ao brincar corporal.

Amparados nos estudos de Sarmento e Gouvea (2008), destacamos a emergência de novas formas de inserção e participação social da criança, tratada até então como "sem fala", modelo que hoje já não se adapta à vida social.

A sociedade mudou em diversos aspectos e, com isso, são exigidas novas formas de pensar, agir e se relacionar. Nesse sentido, trazemos os escritos de Moreira (1995), que ressalta a importância do trabalho com o corpo no dia a dia da educação, visto que isso possibilita ao aluno a reflexão sobre o próprio corpo e sua relação com o ambiente e com os demais indivíduos e o reconhecimento de suas necessidades e desejos, assumindo uma postura profissional de valorização do lúdico, do prazer e da participação, elementos que fazem parte do que denominamos *fazer pedagógico*. Ainda segundo Moreira (1995), é indispensável a compreensão de que a educação se processa no corpo como um todo, e não somente na cabeça dos alunos.

> Compreender quem são o educador e a criança no processo de escolarização é fundamental para o entendimento das relações que se estabelecem no ambiente educativo, bem como abordar a diversidade de pessoas com possibilidades e dificuldades capazes de superação e aprendizagem.

Nesse sentido, acreditamos que resgatar o lúdico e o corporal é respeitar a infância, suas capacidades interativas e imaginativas (Gonçalves, 1994). Sendo assim, é necessário buscar nas atividades lúdico-corporais a integração, a aprendizagem, a expressividade e o estabelecimento de valores positivos em relação ao próprio corpo, suas sensações e emoções, bem como em relação ao outro indivíduo, ser que também pensa e sente. O corpo do educador e o do aluno devem estar integrados em um ambiente criativo, repleto de sensações, explorações e aprendizagens.

> Resgatar o lúdico e o corporal é respeitar a infância, suas capacidades interativas e imaginativas (Gonçalves, 1994).

Quanto ao professor, suas ações pedagógicas, atitudes e opiniões têm origem em um determinado contexto cultural e de formação, seja pessoal ou profissional, seja da própria prática educativa.

Ao tratarmos especificamente da etapa da educação básica denominada *educação infantil*, enfatizamos a necessidade de um olhar criterioso sobre o educador e sua compreensão sobre a criança, o corpo e o lúdico, bem como a sua concepção e utilização do brincar e do movimento como recursos educativos, atentando-se para o fato de que desse entendimento é que decorre o fazer pedagógico.

2xSamara.com/Shutterstock

Para pensarmos a prática pedagógica lúdica, consideramos o meio em que o educador se constituiu como pessoa e suas relações, consigo mesmo e com o outro. As razões pelas quais optou pela profissão, o ambiente e os valores institucionais de sua formação inicial podem nos dar indícios sobre as razões e os fundamentos que direcionam a prática pedagógica desse profissional (Tardif, 2000).

Sobre a prática pedagógica lúdica do educador, remetemo-nos ao processo de sua formação pessoal e profissional diante da realidade sociocultural na qual está inserido, assim como às experiências corporais vivenciadas, considerando os dispositivos disciplinares que se entrelaçam nas práticas sociais e atingem diretamente os corpos (Dornelles, 2005).

Garanhani e Moro (2000) corroboram essa visão ao apontar a necessidade de considerar o perfil profissional do educador, sua formação e as peculiaridades do sistema educacional no qual está inserido, assim como a relevância de conhecer as ações e as relações do profissional nesse contexto social.

> **REFLITA**
>
> Que relações você, como educador, estabelece com seu corpo? Quais suas experiências com o brincar? Como você conceitua aprendizagem e desenvolvimento? Você relaciona o brincar, o corpo e a aprendizagem?

Corpo e movimento muitas vezes são considerados no cotidiano escolar como instrumentos de ações docilizantes e disciplinadoras que, antes de constituir a prática pedagógica do educador, constituíram-no como pessoa, entrelaçadas ao processo de formação pessoal e profissional de uma sociedade em que corpo e mente são elementos desarticulados e passíveis de controle.

De acordo com Foucault (2007, p. 130),

> o controle disciplinar não consiste simplesmente em ensinar ou impor uma série de gestos definidos; impõe a melhor relação entre um gesto e a atitude global do corpo, que é sua condição de eficácia e rapidez. No bom emprego do corpo, que permite um bom emprego do tempo, nada deve ficar ocioso e inútil: tudo deve ser chamado a formar o suporte do ato requerido. Um corpo bem disciplinado forma o contexto de realização do mínimo gesto. Uma boa caligrafia, por exemplo, supõe uma ginástica – uma rotina cujo rigoroso código abrange o corpo por inteiro, da ponta do pé à extremidade do indicador.

O espaço escolar, da forma como está organizado, ao distribuir os corpos e agir disciplinarmente sobre eles (professores, alunos ou funcionários), deixa em cada ser marcas identitárias[3], em

---
3 O termo refere-se à identidade que, segundo Ferreira (1988), é o conjunto de caracteres próprios e exclusivos de uma pessoa.

virtude da conformação desses corpos. Somos constituídos a partir de tempos e saberes fragmentados, rotinas e disciplinamento de nossos corpos diante de regras e padrões impostos.

Nesse contexto de organização de tempo e espaço, Barbosa e Carvalho (2006, p. 375) apontam que não estamos condenados "a ser e a fazer o que fazemos em nossas vidas", e que, portanto, podemos deslocar o olhar e problematizar as práticas que, por vezes, nos fazem professores antiquados.

Como destacamos anteriormente, as práticas pedagógicas estão diretamente relacionadas à formação do educador como pessoa e profissional. Nesse sentido, o professor carece de melhor formação inicial, bem como de espaços constantes de discussão e aprendizagem que caracterizem uma formação continuada coerente e significativa, a fim de que se torne um profissional capaz de discutir os fatos que ocorrem em sua realidade educacional e lutar pela melhoria das condições de trabalho. É necessário o desenvolvimento de um professor capaz de integrar todos os discentes em uma prática pedagógica humanizadora, atento às diversidades e à construção efetiva do conhecimento.

De acordo com Tardif (2000), a atuação profissional encontra-se diretamente influenciada por nossa vivência como alunos e por nossas

> As práticas pedagógicas estão diretamente relacionadas à formação do educador enquanto pessoa e profissional.

experiências relacionadas ao contexto educacional no qual estamos inseridos. Ao tratarmos de práticas corporais, buscamos ressignificar o corpo como componente pedagógico, ressaltando que essas atividades incorporadas no cotidiano da educação infantil tendem a propiciar uma aprendizagem significativa[4] e incentivar a criatividade e a humanização das relações estabelecidas corporalmente.

---

4 O termo *aprendizagem significativa* tem como base a teoria de David Ausubel, para o qual a aprendizagem deveria fazer sentido para a criança à medida que ela se relacionava a conhecimentos previamente adquiridos (Moreira, 1982).

> A constituição de uma prática pedagógica que contemple o brincar corporal possibilita o contato do educador e do educando com o seu próprio corpo, o autoconhecimento e o respeito às diferenças.

Atualmente, é grande a quantidade de publicações científicas que tratam do brincar, distribuídas entre áreas como a pedagogia, a psicologia e educação física. No entanto, a maioria delas versa sobre aspectos instrumentais ou terapêuticos do brincar, com rara ênfase sobre o corpo nesse ato.

Em razão disso, apontamos a urgência da necessidade de compreensão e efetivação do trabalho lúdico e corporal na prática educativa, o qual é muitas vezes deixado em segundo plano, tendo em vista um processo de ensino e aprendizagem ainda centrado na transmissão de conhecimentos, na docilização e na disciplinarização dos educandos (Veiga-Neto, 2007).

Monkey Business Images/Shutterstock

A própria organização da educação infantil se estabelece pelo domínio e disciplinamento da criança. Ao longo do tempo, esse poder se entrelaça às concepções de educação e criança e à prática pedagógica, influenciando a existência (ou não) de uma prática lúdica. Os educadores, ora reconhecidos como cuidadores, ora como preparadores de crianças para a entrada destas na escola, veem-se entre a ludicidade e a exigência de um ensino formal e regulador que permita às crianças acompanharem o ritmo da escola.

Com base nas reflexões apresentadas sobre o papel do lúdico na prática educativa para o desenvolvimento integral da criança, verificamos que esse brincar apresenta-se de diferentes formas, com características próprias a cada fase que a criança vivencia ao longo da infância.

A mudança de paradigma em relação ao ser humano nos faz questionar como estamos tratando nossas crianças hoje, sendo necessário repensar a ideia de que investir nelas é "pensar no futuro".

> De acordo com Marinho et al. (2007), o corpo é o caminho para o mundo interior, para a subjetividade. Ele representa a alegria, a vivacidade, a emoção e a fantasia, que se manifestam na criança por meio de representações lúdicas no brincar e nos jogos. A educação precisa considerar não só a vida intelectiva do aluno, mas também sua vida afetiva, corporal, social e espiritual, em busca do reencantamento do processo de ensino e aprendizagem.

Os estudos desenvolvidos atualmente apontam diversas possibilidades e necessidades relacionadas à educação da criança. A evolução social e tecnológica nos faz refletir sobre como estão agindo os seres humanos diante de tantas inovações e como estamos absorvendo e incorporando (ou não) essas inovações em nossa vivência cotidiana. A mudança de paradigma em relação ao ser humano nos faz questionar como estamos tratando nossas crianças hoje, sendo necessário repensar a ideia de que investir nelas é "pensar no futuro".

Consideramos que no brincar reside uma imensa gama de possibilidades de compreensão da criança, bem como de novas perspectivas para uma atuação pedagógica na educação infantil. A apropriação dessas questões pode ter como ponto de partida a compreensão do educador como ser corporal e lúdico, superando os limites impostos pelas práticas disciplinadoras e docilizantes e instaurando um fazer pedagógico diferenciado e significativo na educação infantil.

Que a criança de hoje tenha ao seu lado um educador capaz de compreender o hoje e as especificidades dela e de seu mundo.

3

OBSERVAR, QUESTIONAR, OUVIR E REPENSAR:
o brincar corporal na prática pedagógica da educação infantil[1]

---

[1] Alguns trechos deste capítulo foram extraídos e adaptados de Camargo (2011).

NESTE CAPÍTULO, TRATAREMOS DE CONCEITOS E CONTEXTOS que constituem a prática pedagógica na educação infantil, organizados com base em dados obtidos durante pesquisa — explicitada na sequência —, com o intuito de valorizar, analisar e refletir sobre o que sabem, dizem e praticam as educadoras.

Pressmaster/Shutterstock

3.1 Os pressupostos teóricos que fundamentam a prática pedagógica da educadora da infância

Para o entendimento da prática pedagógica lúdica e das questões referentes às concepções das educadoras (discutidas a seguir), bem como suas ações e formações, apresentamos nos capítulos anteriores elementos da prática pedagógica na educação infantil que contribuem para a reflexão acerca do brincar corporal.

As falas e vivências coletadas estão organizadas da seguinte forma:

... Os pressupostos teóricos que fundamentam a prática pedagógica da educadora da infância, em que reunimos os conceitos e as reflexões das educadoras quanto à educação, à educação infantil, à criança, ao corpo, ao brincar, ao conhecimento e à formação.

... A prática pedagógica da educadora da infância na perspectiva do brincar corporal, na qual destacamos as práticas observadas na educação infantil e as considerações das educadoras a respeito de suas ações.

A seguir, apresentaremos reflexões acerca dos dados coletados durante a pesquisa realizada, com o objetivo de analisar como é feita a abordagem do brincar corporal na educação infantil. Os dados[2] foram coletados por meio de entrevistas, observações de aulas e questionários entregues às educadoras.

3.1.1 Educação, educação infantil e concepção de criança

Ao serem questionadas sobre a compreensão de educação, as educadoras apresentaram um maior número de termos relacionados ao aprender, como *conhecimento*, *aprendizagem* e *ensinar/aprender*. Essa relação educação/conhecimento foi por muito

---

2 A fim de distinguir a autoria dos depoimentos, as educadoras serão diferenciadas por números (Educadora 1, Educadora 2 etc.) e letras (Educadora A, Educadora B etc.).

tempo a base da educação formal, com ênfase nos aspectos cognitivos e no conhecimento clássico. As mudanças do mundo contemporâneo instigaram mudanças na educação, as quais foram discutidas e deram origem ao Relatório Delors (Delors, citado por Marinho et al., 2007), que contempla os quatro pilares da educação: aprender a conhecer, aprender a fazer, aprender a viver juntos e aprender a ser.

De acordo com as educadoras participantes da pesquisa, *educação* é[3]:

> É a transmissão de conhecimentos ([...] Educadora 08).
> Um processo de ensinar e aprender ([...] Educadora 09).
> Entendo que é o desenvolvimento de capacidades visando sempre a integração social e cultural, auxiliando o desenvolvimento de capacidades corporais, afetivas, emocionais éticas na perspectiva de contribuir para formação integrada de cada um ([...] Educadora 10).
> Educação para mim é ir além da transmissão de conhecimentos, é o cuidar, e propiciar oportunidades. Para que a criança desenvolva o seu físico, psicológico e intelectual criando momentos de brincadeiras, higiene pessoal e interação num ambiente de respeito e amor ([...] Educadora 01).
> Educação é um processo adquirido desde a infância até a fase adulta envolvendo teorias e convenções do ser humano, físico, intelectual e moral ([...] Educadora 06). (Camargo, 2011, p. 96)

Alguns termos utilizados pelas educadoras — como "físico", "psicológico" e "intelectual" — indicam que a educação é considerada por elas como um processo que deve ocorrer de forma integral, em uma perspectiva da totalidade do ser, pois, como enfatiza Moreira (1995), a educação é processada no corpo todo e não apenas na cabeça dos alunos.

Ao indagarmos as entrevistadas quanto à compreensão de educação infantil, encontramos algumas divergências em relação à concepção inicial de educação, visto que as respostas se

---

3 Os depoimentos, coletados em questionários e entrevistas, foram transcritos conforme estão apresentados no original, sem correção ortográfica. Não utilizaremos recursos para alterar as incorreções e incoerências — como interpolações ou o [sic].

deslocam do aprender — evidenciado em um primeiro momento — ao conviver, agora foco das atribuições da educação infantil. As educadoras destacaram os aspectos de convivência, autonomia, respeito, solidariedade, ética, criatividade, imaginação e sensibilidade.

Essa concepção é fortemente influenciada por uma visão romântica e frágil das educadoras em relação à criança, sendo compreendida como uma "semente" que, se bem cuidada, crescerá feliz, com habilidads de convivência e relacionamento (Bujes, 2001).

> O conviver é essencial à vida humana, porém nossa preocupação nos faz pensar a respeito da distinção que é feita entre a educação infantil e os demais níveis de ensino da educação básica, no sentido de ser necessária a superação da ideia de facilidade que é atribuída ao ato de se educar a criança pequena. É importante evidenciar que essa concepção ainda se faz presente na fala e na atuação de muitos educadores.

Em relação aos atos de cuidar e educar na educação infantil, Nadolny e Garanhani (2008, p. 11465-11466), com base nos estudos de Formosinho, destacam:

> O cuidar e o educar são ações indissociáveis no processo educacional da criança pequena e esta exige uma formação diferenciada da qual é dada a outros níveis de ensino. Portanto, o papel dos professores de crianças pequenas difere, em alguns aspectos, dos demais professores, o que configura uma profissionalidade específica do trabalho docente na educação desta fase. Esta singularidade docente deriva das próprias características da criança, das características dos contextos de trabalho das educadoras e das características do processo e das tarefas desempenhadas por elas.

O cuidar aparece com frequência na resposta da maioria das educadoras; essa prática, embora necessária, não deve prevalecer no cotidiano da educação infantil. Dornelles (2005) ressalta que o respeito à vida e o cuidado com as crianças tornam-nas cada vez mais dependentes dos adultos, sendo ações utilizadas como meio de controle nessa etapa da infância.

A necessidade do educar está presente na maioria das respostas das educadoras, porém sempre seguida do cuidar, dando à educação infantil uma visão ainda assistencialista. Os termos *cuidar* e *educar* são eixos fundamentais do Referencial Curricular Nacional para a Educação Infantil – RCNEI (Brasil, 1998), mas ainda percebemos uma desarticulação entre eles no processo de formação de professores e na prática pedagógica. Prevalece, assim, ora a abordagem romântica e assistencialista, ora a abordagem cognitivista como os principais alicerces das respostas apresentadas.

O termo *frágil* integra um número significativo de respostas das educadoras, fazendo referência à abordagem romântica e assistencialista que acompanha a constituição da educação infantil, pautada em ideais de cuidado, preservação da vida e do caráter essencialmente bom da criança que foram disseminados por Rousseau, Pestalozzi e Froebel (Cambi, 1999).

> Criança é o ser humano no início do desenvolvimento; é um ser, inocente e frágil, que precisa estar em contato com um ambiente feliz ([...] Educadora 05).
> É uma pessoa inocente, que tem alma pura e ingênua denotando seus pontos positivos e negativos ([...] Educadora 06). (Camargo, 2011, p. 98)

A visão fragilizada e inocente de criança está presente em algumas das práticas pedagógicas observadas na educação infantil, identificadas na fala infantilizada de algumas educadoras e em excesso de cuidados que reprimem as capacidades de exploração corporal do espaço (Camargo, 2011, p. 98): "'Traz o caderninho para a profe'; 'Ajuda a recolher o brinquedinho'; 'Cuidado, não corra para não cair'".

Identificamos a expressão *sócio-histórica* presente nas respostas de algumas educadoras, o que demonstra o entendimento que que elas têm do que seja uma criança ativa e participante, integrada em um ambiente no qual ela interage e o qual modifica.

De acordo com Sarmento (2005a) e Sarmento e Gouvea (2008), há a necessidade de que a criança seja compreendida como ser social com direitos, que influencia e é influenciado pelo ambiente em que está inserido. Além disso, os autores apontam a necessidade de entender a infância como uma categoria geracional que sofre constantes modificações, constituindo consequentemente novas gerações de crianças com capacidades e necessidades diferenciadas.

Essas concepções apresentadas por vezes entram em contradição no momento da prática, visto que a criança é tratada como frágil e dependente, mas em determinadas situações são delegadas a ela funções e tarefas que exigem autonomia e iniciativa. Consideramos que a resistência dos conceitos de infância associada à fragilidade, da educadora associada à figura materna e da instituição de educação infantil associada ao caráter assistencialista dificultam a instauração de uma prática diferenciada e eficaz.

> O ato de educar uma criança pequena não pode ser entendido como uma herança passada de geração a geração, em que são repetidas práticas, atitudes, cantigas e brincadeiras.

3.1.2 Corpo, brincar e conhecimento

Durante a obtenção de dados para a pesquisa, questionamos as educadoras quanto à compreensão de corpo e, entre tantas respostas, os termos mais frequentes foram: *movimento, reflexos, locomoção, deslocamento, atividade* e *coordenação motora*.

Como destaca Gonçalves (1994), esses elementos nos indicam uma visão de corpo e movimento de caráter instrumental, característico do processo de descorporalização[4] do homem por meio do controle dos gestos e do direcionamento dos movimentos a determinadas funções. Essa compreensão reforça as características da dualidade corpo/mente no cotidiano da educação infantil, afastando do corpo seu caráter lúdico e relacional e reduzindo-o a um mero instrumento de locomoção.

O **movimento** como meio de expressão também integra a resposta das educadoras, o que indica o entendimento delas sobre as capacidades comunicativas do corpo e o reconhecimento deste como forma de linguagem. Consideramos que essa subjetividade contida na expressão corporal pode ser aprimorada na educação infantil por meio de atividades que favoreçam o brincar corporal.

> Não há como separar corpo de movimento, pois ao movimentarem-se, as crianças expressam sentimentos, emoções e pensamentos, movimento, portanto, é mais do que, um simples deslocamento do corpo no espaço. O andar, correr, arremessar, dançar, o jogo contemplam a multiplicidade de funções e manifestações do ato motor, propiciando um amplo desenvolvimento de aspectos da motricidade. ([...] Educadora 10). (Camargo, 2011, p. 100)

Devido à necessidade de compreensão dos pressupostos teóricos que direcionam a prática pedagógica na educação infantil, questionamos as educadoras sobre o brincar, foco central de nosso estudo. Na análise dos dados, observamos que o brincar é enfatizado pelas educadoras como princípio e objetivo da educação infantil.

> Pra tudo, brincar é formar a personalidade da criança, é através da brincadeira que eles vão descobrir coisas novas, que eles vão dar risada, que eles vão às vezes encontrar conflitos e que vão aprender a resolver

---

4 De acordo com Gonçalves (1994), entende-se a *descorporalização* como o movimento em que o corpo gradativamente vai sendo posto em plano secundário, sendo contido, tornando-se quase um desconhecido. Distanciar-se do corpo, ao mesmo tempo, implica afastamento das experiências emocionais, sensitivas e sentimentais diretas.

estes conflitos. Então brincar é tudo pra uma criança principalmente na educação infantil ([...] Educadora J). (Camargo, 2011, p. 101)

O brincar é considerado componente da educação infantil desde o início da institucionalização da infância e como a característica principal dessa fase da vida humana, compreendido como forma de expressão e meio de aprendizagem da criança (Cambi, 1999; Moyles, 2002).

A expressão *linguagem* empregada pelas educadoras é outro aspecto relevante referente à comunicação da criança por meio do brincar. Essa ênfase à linguagem pode estar relacionada à influência do RCNEI (Brasil, 1998), documento que orienta o trabalho na educação infantil.

> Quanto à compreensão da necessidade do brincar, obtivemos o termo *aprender* como maior destaque. Marinho et al. (2007) enfatiza que o lúdico deixou de ser compreendido como característica apenas da infância, pois abandonou-se a ideia de que o brincar é uma atividade descomprometida. Os autores ainda evidenciam que o lúdico deve ser um dos eixos norteadores do processo de ensino e aprendizagem das crianças, visto que possibilita a criação e a aplicação de estratégias desafiadoras.

O brincar é considerado componente da educação infantil desde o início da institucionalização da infância e como a característica principal dessa fase da vida humana.

O prazer da ludicidade também foi citado pelas educadoras durante a pesquisa. Essa característica do lúdico é tratada por Marinho et al. (2007) como motivação para aprender. De acordo com umas das educadoras, o lúdico "Envolve atividades que partem do brincar, jogar... Parte da atividade prazerosa, dinâmica e envolvente que diverte, ensina e se torna significativo" (Camargo, 2011, p. 103).

Para Moyles et al. (2006, p. 26), "o comportamento de brincar é uma maneira útil de a criança adquirir habilidades desenvolvimentais — sociais, intelectuais, criativas e físicas. Em primeiro lugar, grande parte do brincar é social". Os autores destacam ainda os benefícios intelectuais, como as habilidades de linguagem, o desempenho de papéis, a formação de conceitos e os benefícios físicos do brincar relacionado a habilidades motoras.

O jogo também é abordado pela maioria das educadoras. Essa compreensão pode estar associada ao fato de que o termo *lúdico* é diretamente relacionado ao ato de jogar e à organização deste por meio de regras.

> Acredito que a criança por si só é movimento e dinamismo, então devemos associar o movimento e jogos com os conteúdos. Assim, ela pensa, levanta hipóteses, toma decisões tornando a aprendizagem um processo mais prazeroso ([...] Educadora 01).
> É o aprender de forma prazerosa e divertida, através de jogos e brincadeiras é possível ensinar tudo o que se pretende às crianças ([...] Educadora 14). (Camargo, 2011, p. 103)

Quanto à articulação da atividade corporal com a produção de conhecimento, as educadoras evidenciam a relação entre corpo e conhecimento, porém faltam-lhes subsídios para explicar como essa relação ocorre, o que impede a superação dos modelos educacionais estabelecidos. Marinho et al. (2007, p. 38) ressaltam que "as práticas educacionais, como processos essencialmente humanos, devem proporcionar aos alunos, em qualquer nível de ensino, prazer em aprender, em vez do mecanismo repetitivo de automatização".

> A superação desse mecanismo de automatização está relacionada a uma nova forma de abordagem do corpo e do lúdico na escola, indo além do disciplinamento e possibilitando a compreensão da corporeidade e do olhar para a totalidade humana.

A fala das educadoras remete a uma compreensão da relação entre corpo e conhecimento sufocada pela repetição de práticas docilizantes e pela ausência de fundamentos e discussões que expliquem e fortaleçam suas convicções/compreensões: "Dentro da Ed. Infantil tudo o que a criança faz é aproveitado, suas atividades sejam elas no planejamento ou fora dele, é o professor quem se encarrega de organizar através de suas observações" ([...] Educadora J) (Camargo, 2011, p. 104).

É necessária, nesse sentido, uma abordagem crítica e reflexiva para que esse brincar não seja adotado apenas com características instrumentais de fragmentação e controle, tendo em vista as possibilidades expressivas e criativas da criança ao brincar – especialmente o brincar corporal.

Isso porque os conhecimentos são produzidos por meio das relações corporais. É o corpo que está inserido em um ambiente e é com ele que nos locomovemos, nos relacionamos e experienciamos as mais diversas situações.

3.1.3 A formação do educador

Considerando que a formação do educador é um elemento central na produção de novas práticas, trazemos algumas reflexões quanto à abordagem do corpo e do brincar no processo de formação de educadores. Os dados obtidos na pesquisa destacam que o corpo e o brincar ainda são pouco tratados nesses cursos, dificultando a constituição de saberes sobre o lúdico, o corpo e o conhecimento.

> Há a necessidade de competências específicas para o cuidado e a educação da criança pequena, a fim de que os saberes sejam contemplados considerando as diferentes formas com as quais a criança se apropria dos conhecimentos e os constrói. Entre estes destacam-se os saberes sobre o corpo em movimento e as práticas pedagógicas que valorizam a movimentação do corpo infantil (Nadolny; Garanhani, 2008).

Apontamos que a atividade corporal na formação do educador permanece restrita a exercícios práticos (sem maiores reflexões a respeito deles) apresentados com caráter instrumental por vezes caracterizando a reprodução de práticas dominantes. Cantigas e jogos são geralmente repassados sem a reflexão sobre o lúdico, o corpo e a criança, o que é possível constatar nas respostas das educadoras a seguir:

> Eu acho que teve, mas não sei te dizer como nem aonde, porque eu gosto muito de brincar não é porque eu tenho a minha idade que eu não brinque. Gosto muito de brincar com meus filhos, com as crianças aqui do CMEI[5] e vejo assim que isso não está morto dentro de mim continua vivo passando a idade, passando o tempo, eu vejo que a criança continua viva dentro de mim. ([...] Educadora A). [...] Teve bastante prática da brincadeira em sala de aula, bastante atividade. Até eu fiz um cursos, dos PCNs[6] que levou um ano tudo assim com prática e teoria, trabalhava a teoria, eram diversos os grupos e tinha que fazer a prática em cima daquela teoria, nós fazia teatro, nós fazia confecção de material para mostrar para os outros grupos sabe. ([...] Educadora D). (Camargo, 2011, p. 105-106)

---

5 Centro Municipal de Educação Infantil.
6 Parâmetros Curriculares Nacionais.

A fala da Educadora A em relação à formação lúdica e corporal está associada à representação da ludicidade como uma característica natural do ser humano. Ela também tem uma compreensão do lúdico mais relacionada a uma característica pessoal do que a um comportamento aprendido. Nesse sentido, recorremos aos estudos de Nadolny e Garanhani (2008), que destacam a necessidade de consciência quanto a práticas educativas e a necessidade de reflexão para a adaptação de atividades coerentes às características da criança.

O fortalecimento das discussões sobre corpo e ludicidade nos cursos de formação de educadores é considerado recente (podemos perceber essa realidade na fala da Educadora A).

A aprendizagem obtida no cotidiano da educação infantil foi outro elemento destacado pelas educadoras ao longo da pesquisa. Consideramos de grande valor as vivências e as aprendizagens cotidianas, porém o estudo e a prática devem estar articulados a reflexões sobre o brincar e o corpo, e o educador deve evitar um ciclo de repetições de brincadeiras e cantigas desvinculadas do currículo e da realidade da criança e de sua fase de desenvolvimento, tendo a necessidade de buscar sempre fundamentos teóricos científicos de acordo com os objetivos e as necessidades na prática da educação infantil.

> O registro das observações realizadas no estudo retrata a ansiedade das educadoras em relação ao brincar corporal. Desses diálogos, é possível perceber duas características que merecem destaque:
> ... A ênfase dada à ausência do professor de educação física na educação infantil.
> ... A falta de formação das educadoras que atuam na educação infantil para o desenvolvimento de atividades que envolvam o corpo.

Nos estudos de Garanhani (2005) e Nadolny e Garanhani (2008), encontramos discussões importantes acerca da formação do educador em relação ao corpo e ao movimento na prática pedagógica, para as quais são desnecessárias reflexões referentes aos processos de formação.

A presença de um profissional da educação física deve ser considerada como complementação de uma equipe pedagógica, e não como forma de isentar o educador que atua na educação infantil de uma prática pedagógica que integre o corpo à sua totalidade de possibilidades.

Azevedo e Schnetzler (2001) apontam que algumas contribuições teóricas são apresentadas nos cursos de formação e aplicadas de modo tecnicista, como um receituário, resultando em uma aplicação acrítica de teorias à prática na associação da ludicidade apenas à brincadeira infantil.

> A prática pedagógica na educação infantil precisa ser discutida e contextualizada.

A prática pedagógica na educação infantil precisa ser discutida e contextualizada. Enfatizamos que o ambiente de trabalho consiste sim em um importante meio de formação do educador, porém requer reflexão sobre esse aprendizado para que não se constitua em mera reprodução (Tardif, 2000).

> Todavia, para que esteja presente na educação da pequena infância o conhecimento e o desenvolvimento de diferentes linguagens, é necessário estar atento ao fazer pedagógico da Educação Infantil que deverá contemplar ações pedagógicas que privilegiem diversas formas de interação e comunicação da criança com o meio e com o seu grupo. Esta condição está diretamente atrelada à formação da educadora responsável pela escolarização dessa idade. (Garanhani, 2013, p. 2021)

Acreditamos que os espaços de formação do educador da infância constituem um ambiente propício a estudos e reflexões sobre o corpo e o brincar, os quais permitem a superação da dualidade corpo/mente para a constituição de práticas pedagógicas inovadoras e significativas. A atenção ao fazer pedagógico da educação infantil é fundamental para o conhecimento e o desenvolvimento de diferentes linguagens, de acordo com Garanhani (2013), privilegiando, assim, diferentes formas de interação e comunicação da criança, condição diretamente relacionada à formação da educadora responsável por essa fase de escolarização.

> Diante do atual contexto de aceleração e produção, perdemos de vista as reais necessidades e potencialidades da infância, entre elas, o lúdico, o imaginário e a criatividade, o que certamente influenciará e será determinante no desenvolvimento da criança.

É necessário, então, buscarmos caminhos para refletir e propiciar o brincar e o aprender que façam uso das possibilidades que a infância proporciona. Para tanto, é necessário considerarmos o educador, criança de ontem, como pessoa e profissional socialmente constituído, com suas representações, vivências e capacidade de superação dos modelos apreendidos, para que então possa olhar a criança de hoje e perceber que seus anseios precisam ser atendidos. Suas vivências infantis devem ser priorizadas e o brincar corporal deve integrar as práticas pedagógicas, pois o corpo que brinca, expressa e aprende não pode ficar fora da escola.

3.2 A prática pedagógica do educador da infância na perspectiva do brincar corporal

Consideramos fundamental a formação do educador para a compreensão do brincar e do movimento infantil, bem como sua participação nesse brincar, seja como protagonista, seja como orientador ou observador, em uma prática desvinculada do controle e que possibilite a expressão, a criação, a aprendizagem e a satisfação por parte da criança.

3.2.1 O brincar corporal na prática pedagógica

Pensar como se brinca, por que e onde se realizam as atividades nos incentivou a obter informações sobre o cotidiano da educação infantil. A visão instrumental e comportamental do brincar se faz presente em muitas práticas, percebidas em relatos e observações: "'Hoje temos menos alunos, então poderemos brincar disso, quando estão todos dá muita bagunça'" (Camargo, 2011, p. 110).

Assim, podemos perceber que o brincar é tido como uma atividade sem maior importância — aqueles que ficassem "sem brincadeira" não seriam prejudicados, o que enfatiza a dicotomia brincar/conteúdo.

Quanto a participação e a mobilização referentes ao brincar, apontamos que a presença de um número maior de profissionais em sala de aula, principalmente em creches, não garante a existência ou a qualidade do brincar corporal, visto que as atividades que compõem a rotina são divididas entre as educadoras e raramente há integração ou participação por parte delas, predominando atividades como o brincar livre (BL) e o esparramar brinquedo (EB).

As educadoras apresentam atitudes de responsabilidade e carinho com as crianças, porém são intensas as atividades direcionadas ao cuidado, que muitas vezes deixam a desejar nos demais aspectos da prática educativa.

Os conteúdos citados pelas educadoras como temas a serem trabalhados e desenvolvidos em seus planejamentos por vezes não puderam ser identificados, principalmente nas creches, em virtude da predominância das práticas do BL e do EB anteriormente citadas.

> As crianças frequentemente procuram a interação do adulto durante o brincar, correm para mostrar o que fizeram, ou convidam alegres para um café imaginário. Por vezes, e não poucas vezes, a educadora deixa passar esta rica oportunidade, manda brincar porque o tempo vai acabar e será necessário retornar à sala de aula [...]. (Camargo, 2011, p. 111)

Compreendemos por *interação* a participação do educador que ultrapassa o vigiar e o delimitar, a fim de que seja possível oferecer à criança momentos prazerosos de exploração e aprendizagem. Durante a observação do cotidiano da educação infantil, foi possível identificar a ausência de interação do adulto, muitas vezes necessária na estruturação do brincar; essa interação deve ir além do disciplinamento, permitindo envolvimento afetivo, cognitivo e corporal durante a realização das atividades. Assim, salientamos que nem sempre a existência de brinquedos variados, parque e demais materiais pedagógicos asseguram a prática do brincar corporal e a aprendizagem, visto que, para que esta ocorra, há a necessidade de um planejamento que contemple o brincar, o que não foi encontrado na maioria das ações observadas.

Na perspectiva da educação integral, o corpo da criança é responsabilidade de toda a equipe escolar, desde a sua aprendizagem, socialização, bem-estar emocional e físico, até a sua segurança e saúde. Nesse sentido, buscamos em Gonçalves (1994) e Moreira (1995) os fundamentos da corporeidade, pertinentes para a compreensão da criança como ser corpóreo, visto que ela se situa em um ambiente cultural e rico de acontecimentos, o qual deve estar aberto a experiências e relações.

> Na perspectiva da educação integral, o corpo da criança é responsabilidade de toda a equipe escolar, desde a sua aprendizagem, socialização, bem-estar emocional e físico, até a sua segurança e saúde.

O brincar corporal foi identificado como integrante do cotidiano da educação infantil, porém frequentemente desarticulado do planejamento pedagógico e dos conteúdos, manifestando-se em sua maioria pelas práticas do BL e do EB ou por momentos de contato da criança com brinquedos e jogos sem relação com o tema desenvolvido em sala de aula, além de haver pouco enfoque corporal.

> O BL é um momento importante no contexto da educação infantil, principalmente quando sua oferta é em tempo integral. Nesse caso, a criança passa a maior parte do seu dia na instituição educativa. É importante a reflexão sobre a importância que tem o brincar para a criança, a fim de que este esteja aliado ao movimento corporal no sentido de atender às necessidades infantis para um desenvolvimento harmonioso e pleno, sendo fundamental nessa perspectiva a compreensão do brincar corporal.

Atitudes descomprometidas, como EB ou a liberação do pátio da escola para as crianças brincarem, precisam ser modificadas e, ainda, aspectos como a disponibilidade lúdica do educador[7], a qualidade de tempo, o espaço e a interação devem ser considerados importantes, pois interferem na efetivação do brincar corporal.

Momentos de intensa atividade corporal das crianças foram presenciados durante o estudo em algumas das instituições pesquisadas. Destacamos algumas atividades realizadas no pátio da escola, em que verificamos a relação entre a inserção da educadora na atividade e a motivação dos alunos. Constatamos que a disponibilidade corporal e lúdica de algumas educadoras tornou-se um diferencial em relação às demais práticas observadas e registradas: "A dança e o envolvimento da educadora traz as crianças facilmente à atividade, aos poucos todos estão integrados, riem muito e demonstram satisfação ao mover-se" (Camargo, 2011, p. 114).

Os estudos de Foucault (1979, 2007) e as abordagens apresentadas por Barbosa (2006), Barbosa e Carvalho (2006), Bujes (2001) e Dornelles (2005, 2007) sobre o corpo, a docilização e o disciplinamento nos fazem refletir sobre as possibilidades de autonomia corporal[8] do educador dentro de sua prática pedagógica.

---

7 Termo criado neste estudo para definir a ação fundamentada e motivadora do educador para com o brincar.
8 Compreendemos *autonomia* como a faculdade de governar a si mesmo (Ferreira, 1988).

No fazer pedagógico, há um espaço de ação para o educador, no qual este pode deslocar-se e atuar diante das especificidades do seu contexto, das necessidades dos educandos e de suas concepções e anseios em relação ao educar, constituindo-se, assim, o diferencial de sua prática pedagógica — um espaço de integração entre educador/educando e conteúdo/conhecimento que se torne vivenciado por meio de atividades pedagógicas que incluam o brincar corporal.

> A efetivação do brincar corporal está diretamente relacionada ao espaço físico disponível.

O olhar do educador para si mesmo, como ser corpóreo e expressivo, permite a superação das amarras disciplinares que cerceiam as atividades corporais e lúdicas. Esse envolvimento corporal e lúdico do educador propicia um maior envolvimento das crianças e, consequentemente, um ambiente escolar mais agradável. Do vigiar, o educador passa a *participar*. As "atividades livres" tornam-se mais livres, e correr, pular e gritar já não incomodam tanto.

Lembramos que a efetivação do brincar corporal está diretamente relacionada ao espaço físico disponível. Ao tratar do brincar, Moyles (2002) e Moyles et al. (2006) enfatizam a importância das condições oferecidas na escola para que essa prática possa ser efetivada.

A integração da criança com a natureza é importante no contexto do brincar corporal. Ao tratarmos do brincar no pátio das instituições de educação infantil, vale trazermos à discussão alguns elementos:

> É horário de brincar no pátio, a ordem é ["]um de cada vez e rápido["], pegar um brinquedo. As crianças brigam enquanto esperam a "vez". Os brinquedos oferecem poucas possibilidades, há correria, e a educadora fica nervosa por não conseguir controlar a agitação das crianças [...]. (Camargo, 2011, p. 115)

O nervosismo descrito pela professora caracteriza o que Foucault (1979, 2007) destacou ao analisar os dispositivos de controle caracterizados pelo panóptico, em que uma rigorosa organização e vigilância são tidas como fundamentais para manter a ordem, a fim de possibilitar a obediência e a produtividade. Essa concepção de produtividade vinculada estritamente à ordem e à obediência é percebida no ambiente da educação infantil, quando as educadoras distinguem a "hora de brincar" e a "hora de aprender", que, em sua maioria, oscila da liberdade vigiada à assimilação de conceitos. De acordo com Carvalho (2005, p. 131, grifo do original),

> o *descanso*, a *alimentação* e os momentos de *brincadeira* "*livre*" podem ser considerados como práticas escolares que têm efeitos disciplinares (sobre a conduta dos quais atuam), pois posicionam os indivíduos (crianças, professoras, funcionárias etc.) em certos modos de ser e de existir, propiciando formas de os mesmos experimentarem o mundo e nele se experimentarem. Tais efeitos dizem respeito (entre outros aspectos) aos modos como são demarcados os locais em que as crianças podem ou não circular, o que elas devem ou não comer (quando devem fazê-lo), quando devem dormir (em que locais e de que modo), quando podem brincar, (como devem brincar), etc.

Para Bujes (2001), o tempo e as rotinas na educação infantil são tratados com zelo, e o tempo é fragmentado e definido para o cumprimento de um conjunto de atividades consideradas importantes na atuação com as crianças.

Tendo em vista a riqueza de possibilidades propiciadas pelo brincar, o lúdico ainda acontece de maneira descontextualizada na prática pedagógica, e as relações de poder e controle sustentam essa prática, pois o BL aponta para uma não participação lúdica do educador. No entanto, este participa intensamente mediante suas ações disciplinadoras e de controle, que se iniciam desde o momento da definição do espaço para brincar até a disponibilização dos brinquedos: "'Pega um só, cada um com um brinquedo apenas'; 'não gritem'; 'não corram'" (Camargo, 2011, p. 116).

O brincar corporal permanece à margem do cotidiano da educação infantil, negligenciando as possibilidades físicas, emocionais e cognitivas da criança. Garanhani (2005, 2006) aponta a necessidade de atividade corporal na infância, enfatizando a importância de uma formação de profissionais que atuam nesse nível de ensino direcionada a uma valorização de conhecimentos relacionados ao corpo e ao movimento.

Os ambientes escolares já não se remetem mais aos modelos das construções arquitetônicas inspiradas no panóptico, porém, a atitude do educador acaba substituindo, de certa forma, tal modelo, permanecendo na prática educativa o ato de vigiar e controlar, e movimento, barulho e riscos ainda são percebidos como desordem. Esse constante vigiar acaba por tolher as possibilidades de expressão e movimento da criança, o que é fundamental ao seu desenvolvimento e aprendizagem.

> O brincar corporal permanece à margem do cotidiano da educação infantil, negligenciando as possibilidades físicas, emocionais e cognitivas da criança.

O BL é um momento importante dentro do cotidiano da educação infantil, mas precisa estar vinculado a condições favoráveis de exploração, espaço e elementos que estimulem o brincar. Tanto as respostas quanto as práticas das educadoras apontam um rompimento, uma fragmentação entre o brincar e o ensinar, que pode ser compreendido como a ausência de reflexões sobre a importância e as contribuições do brincar na prática pedagógica.

> Diante do contexto de uma significativa quantidade de instituições de educação infantil, nas quais não há a presença de um profissional de educação física, os momentos do BL poderiam constituir possibilidades de exploração do movimento.

As observações e os registros das falas das educadoras denotam pouca compreensão do brincar: "'Essas crianças já não brincam mais como a gente brincava, só correm e gritam'" (Camargo, 2011, p. 117). Na escola, as crianças precisam ter contato com as mais diversas formas de exploração lúdica, para que, progressivamente, aprendam as diversas formas de brincar. Quanto ao correr, citado pela educadora, esse ato demonstra a dualidade entre o movimento e o brincar, como se esse movimento não consistisse em uma representação lúdica ou uma forma de exploração e prazer para a criança.

> A professora propõe um circuito de atividades psicomotoras, o material é de qualidade, há diversos brinquedos, e o espaço é amplo, porém a espera e a "bagunça" gerada deixaram a professora nervosa. As atitudes das crianças e da educadora nos levam a crer que este tipo de atividade não é algo comum na prática pedagógica. Não houve muita explicação, as crianças eufóricas tinham que esperar muito até chegar a sua vez. (Camargo, 2011, p. 118)

Nesse contexto, retomamos as abordagens de Marinho et al. (2007), Moyles (2002) e Souza (2003), que tratam o corpo como instrumento de ludicidade ao enfatizarem que as atividades referentes ao brincar corporal são pouco oportunizadas na escola, destacando o fato de que as crianças são, muitas vezes, vítimas de controle e coerção, em que não são consideradas suas reais necessidades de atividades físicas intensas, sendo ainda desvalorizadas como um ser em potencial, o que as torna, por vezes, massa de manipulação de uma estrutura educacional enrijecida e frustrante.

Carvalho (2005) ressalta que a prática escolar da brincadeira livre acaba por tornar-se uma estratégia disciplinar, de individualização e normalização dos corpos diante dos limites de deslocamento, da disposição e utilização dos brinquedos. À análise do autor acrescentamos a postura vigilante das educadoras e a ausência de envolvimento e participação diante das manifestações lúdicas das crianças.

> A organização do tempo em momentos definidos de brincar e aprender dificulta a articulação entre essas duas atividades. Muitas vezes, a ausência da atribuição de significado ao brincar, seja de caráter dirigido, seja de caráter livre, faz com que esta seja uma atividade utilizada para preencher lacunas da rotina, sem planejamento e diálogo com as crianças, as quais mal têm tempo de estruturar seu brincar, pois o tempo que lhes é concedido acaba abruptamente.

As educadoras revelam que gostam do brincar, porém é importante destacar que essa interação do educador nos momentos de brincar nem sempre é percebida, visto que a sua participação fica restrita à distribuição dos brinquedos e ao controle do barulho das crianças e da utilização do espaço.

Moyles (2002, p. 145) ressalta que "a função de cuidar do adulto às vezes entra em conflito com o controle". A autora enfatiza que tanto os adultos quanto as crianças brincam, sendo benéfico que brinquem juntos, o que pode garantir uma maior compreensão de atitudes, pensamentos, sentimentos e diferenças mútuas. Moyles et al. (2006) também trata da importância do envolvimento do adulto no brincar, pois ele pode ajudar as crianças a desenvolvê-lo, desafiando-as e encorajando-as a realizarem formas mais aprimoradas de brincar.

A aprendizagem está diretamente relacionada ao brincar. No entanto, não deve ser tratada como característica central deste, visto que devemos estar atentos às possibilidades expressivas e relacionais para que o lúdico não adquira apenas características instrumentais. Essa aprendizagem passa pelo corpo, que sente, pensa e age (Gonçalves, 1994; Moreira, 1995).

> No brincar envolve várias questões, que no brincar você pode ta ensinando você pode estar corrigindo como de um tempo pra cá qualquer coisa eles fazem uma arma com joguinho de montar, um bloco ali eles estão montando arma e ali você já pode dar uma aula em cima daquilo, violência e tal. ([...] Educadora G). (Camargo, 2011, p. 119)

As educadoras relacionam o brincar à aprendizagem, mas há maior ênfase em conteúdos atitudinais, como verificamos nas respostas da Educadora G. No entanto, destacamos que, além de possibilitar a convivência e o desenvolvimento de valores por meio de atividades lúdicas, a criança constrói conhecimentos sobre si e o mundo.

A falta de interação com as crianças em relação ao brincar corporal deixa lacunas diante da capacidade de exploração e da criatividade da criança pequena. As mais diversas atividades corporais precisam ser propiciadas durante a escolarização, para que a criança possa relacionar-se bem com seu corpo e aceitar suas potencialidades e limitações. A organização dessas atividades diferenciadas está relacionada ao desenvolvimento de uma formação consistente e reflexiva.

> **A falta de interação com as crianças em relação ao brincar corporal deixa lacunas diante da capacidade de exploração e da criatividade da criança pequena.**

> Além do acesso aos saberes provenientes de teorias do desenvolvimento e da aprendizagem infantil, que valorizem o movimento do corpo, bem como as diferentes linhas metodológicas de educação da movimentação corporal (aspectos que caracterizam a formação teórico-pedagógica), a orientação e a formação de professores também poderão oportunizar à educadora, [sic] o conhecimento e a consciência de seu próprio corpo e movimentação; o desenvolvimento de uma disponibilidade corporal frente ao trabalho docente com as crianças pequenas; o reconhecimento de suas possibilidades e limitações corporais na docência e, principalmente, a utilização de sua expressividade corporal como estratégia na prática pedagógica da Educação Infantil (aspectos que caracterizam uma formação pessoal). (Garanhani, 2005, p. 12)

A efetivação de uma prática pedagógica na educação infantil capaz de aproveitar o lúdico como possibilidade de exploração das habilidades corporais e suas implicações expressivas, cognitivas e afetivas depende de um olhar diferenciado tanto em relação ao educador da infância como deste para com a criança.

> Muitas das atividades dirigidas descritas indicam um correto direcionamento por parte das educadoras, tais como: a narração de histórias, as dinâmicas, os jogos, a dança e a musicalização. Apontamos que tais atividades são de grande valia para o estabelecimento de um ambiente lúdico e a prática corporal, porém elas devem estar articuladas a atividades livres, contextualizadas e adequadas à faixa etária das crianças.

Em alguns momentos, há contradição entre as respostas apresentadas e os dados obtidos por meio das observações, visto que os registros apontam maior ênfase em atividades livres, geralmente sem a participação conjunta do educador e sem a contextualização com os conteúdos, além de poucas possibilidades de exploração e criação por parte da criança.

3.2.2 O educador e o brincar corporal

Os trabalhos corporal e de movimento são percebidos na educação infantil de maneira restrita em cantigas com gestos, inseridas muitas vezes sem contexto ou motivação para tal atividade. A relação do educador da infância com o lúdico e o corpo ainda apresenta dificuldade, tanto no âmbito da prática pedagógica como nos processos de formação do educador (Nadolny; Garanhani, 2008).

Muito se tem discutido, pesquisado e escrito sobre a importância do brincar, do lúdico e da relação destes com a aprendizagem, porém é dada maior ênfase aos aspectos terapêuticos, provenientes de estudos da psicologia.

As questões corporais ficam restritas a alguns escritos da área de educação física e no campo da pedagogia. Há a fragmentação do brincar e de sua utilidade em cada área de conhecimento, em que as relações com o aprender e o desenvolvimento apontam poucas indicações de que esse brincar passa pelo corpo e que este integra a prática pedagógica, bem como a formação do educador.

Essa ausência da relação entre formação, prática pedagógica e brincar corporal é percebida nos discursos das educadoras, impregnados de saberes práticos, os quais demonstram um não aprofundamento na compreensão do corpo, do lúdico e do brincar. Esses discursos com pouca fundamentação se convertem em práticas desarticuladas e descontextualizadas.

> Com o brincar eu ensino muita coisa pra eles. Eu posso ensinar a como escovar os dentes brincando, como lavar a mão, como cuidar do amigo, como respeitar o amigo, o espaço... Ensinar, o brincar é o meu ensinar. ([...] Educadora B).
> Brincar, na minha opinião, é o mundo da criança, é tudo eles aprendem, evoluem o que tem de mais importante para eles é brincar ([...] Educadora J). (Camargo, 2011, p. 123)

É perceptível nas respostas das educadoras o reconhecimento da importância do brincar; no entanto, ainda faltam elementos que articulem a necessidade dessa atividade à sua efetiva realização diante das peculiaridades que envolvem o cotidiano e a prática pedagógica da educação infantil.

> A presença ou não dessa disponibilidade para brincar junto com as crianças pode estar atrelada à experiência escolar do educador como aluno, diante de uma escola disciplinadora e punitiva, e também à ausência de formação para a articulação do brincar e do corpo como componentes pedagógicos fundamentais na educação infantil.

As educadoras têm experiências diferenciadas em relação ao corpo, com base em suas vivências e no contexto em que cada uma está inserida. O entendimento de corpo e atividade corporal que elas têm, portanto, constituiu-se com base em suas vivências pessoais, escolares e de formação profissional, permeadas por situações de governamento e disciplinamento. Dornelles (2005) ressalta que, para Foucault, governar consiste em agir sobre as ações dos outros, dirigindo-lhes a conduta.

Assim, é compreensível que a prática corporal ainda seja uma atividade desvinculada do cotidiano das educadoras. Contudo, essa inadequação pedagógica pode ser superada à medida que nos dispusermos a compreender a "experiência de si" das educadoras e aprimorar as relações destas com a formação e a prática pedagógica do brincar corporal.

Considerações finais

BALBUCIAR, ENGATINHAR, ANDAR, CIRANDAR. PASSO A PASSO, construímos esta obra, na qual rabiscamos nossas angústias, crenças, ideias e pressupostos teórico-científicos diante do brincar corporal na prática pedagógica do educador da educação infantil.

Apresentamos os elementos que constituíram a nossa pesquisa e deixamos muitos outros ao longo do caminho por conta de nossas escolhas teóricas e metodológicas. Quão doloroso é esse processo de desapegar-se de ideias e construir outras, aprender a controlar a ansiedade e compreender que tudo é um processo, um grande aprendizado, em meio a tantos outros possíveis para realizar uma pesquisa.

Esse falar pedagogicamente sobre o corpo nos encantou e nos desafiou a cada momento da realização deste livro. O gosto pelo trabalho corporal e a satisfação dessa prática pedagógica por muitas vezes ficaram angustiadamente retidos nos momentos de inserção no campo de pesquisa. A professora tentava dominar a pesquisadora, e foi preciso aprender, semana a semana, a conviver com essa nova sensação.

Ao retomarmos o nosso objeto de estudo e os demais elementos dele derivados, bem como as questões norteadoras e os objetivos da pesquisa, ressaltamos a significância do tema para o campo de estudos de educação infantil.

As escolhas teóricas que fundamentam esta obra nos instigaram a olhar a prática pedagógica para além do assistencialismo e da visão fragilizante e docilizante da criança, aspectos da educação infantil que ainda persistem na prática pedagógica. Por meio de pesquisas teóricas e práticas, buscamos perceber como se constitui a prática lúdica do educador, que, mesmo permeada por esses elementos, pode encontrar espaço para a renovação, o repensar e o agir pedagógico em relação ao corpo, ao movimento e ao brincar corporal nesse nível de ensino.

Moyles (2002) e Moyles et al. (2006) nos indicam a possibilidade de tratarmos o corpo e o brincar como elementos pedagógicos; por outro lado, os estudos foucaultianos nos direcionam à compreensão das resistências em relação ao espaço do corpo na escola, diante dos princípios disciplinadores e docilizantes que constituem a instituição educativa.

Durante as observações realizadas nas instituições de educação infantil, verificamos que algumas de nossas hipóteses se confirmavam e tantas outras surgiam, diante da complexidade de abordar o brincar e o corpo numa instituição com tantas regras e rotinas. Fatores de organização estrutural e espacial também influenciam diretamente na efetivação de um brincar corporal de qualidade, como o espaço disponível para as atividades e a fragmentação do horário entre lanches, entrada, saída e os resistentes "horários de..." que compõem a rotina da educação infantil.

Percebemos que os espaços das salas de aula restringem a prática do brincar corporal e que há a cristalização de certa ordem de mobiliários e brinquedos, o que dificulta que o educador supere o disciplinamento e a organização presentes nas instituições para a concretização de um espaço lúdico integrado a outras ações pedagógicas.

Verificamos que as demais dependências das instituições de educação infantil apresentam possibilidades de exploração corporal nem sempre utilizadas em suas potencialidades (espaço para correr, subir, criar etc.). Quando utilizados, esses espaços são tratados com restrições à expressão corporal das crianças, ao barulho e a possibilidades de exploração e criatividade.

Com relação aos pressupostos teóricos que fundamentam a prática pedagógica do brincar corporal, concluímos que as educadoras dispõem de noções básicas sobre a constituição das instituições de educação infantil, entre elas, a compreensão de conceitos sobre criança e educação. No entanto, ficou claro que o corpo e o brincar são temas pouco abordados no período de formação das educadoras, bem como no trabalho realizado nas instituições educativas.

Constatamos que algumas práticas remetem ainda a uma visão fragilizada de criança e a um brincar que oscila entre preencher o tempo livre e o caráter instrumental do ensinar pelo brincar. Muitos relatos das educadoras entrevistadas apontaram o reconhecimento da importância do brincar e da essência lúdica do comportamento infantil, porém há poucos elementos que fornecem justificativas consistentes às práticas lúdicas existentes.

Destacamos que, ao longo da realização da pesquisa que deu origem a esta obra, muitas vezes foram observadas e citadas práticas que se referem ao Referencial Curricular Nacional para a Educação Infantil – RCNEI (Brasil, 1998), documento instituído pelo Ministério da Educação (MEC) após a promulgação da Lei Federal n. 9.394, de 20 de dezembro de 1996, denominada *Lei de Diretrizes e Bases da Educação Nacional* – LDBEN (Brasil, 1996).

O referido documento é relevante diante da atual organização da educação infantil, porém precisa ser lido, compreendido e interpretado com cautela, considerando-se as marcas ideológicas que o permeiam. Chamamos a atenção para a necessidade de se compreender o contexto em que esse documento foi elaborado e as possibilidades de desenvolvimento de práticas pedagógicas eficazes no cotidiano das instituições educativas.

Consideramos que os educadores necessitam de momentos de reflexão sobre a prática pedagógica do brincar, amparados em pressupostos teóricos que lhes possibilitem olhar a criança de hoje e considerar suas reais necessidades, compreendendo-as como seres ativos e participativos, que têm necessidades corporais de movimento e expressão, as quais devem ser integradas na prática pedagógica da educação infantil.

Dos momentos de observação do brincar corporal, destacamos duas situações distintas que permeiam nossas análises: uma diz respeito ao excessivo controle dos momentos de brincar livre (BL), como as regras para não correr e não gritar, e a outra ao excesso de momentos de BL, reforçado pela prática que denominamos *esparramar brinquedo (EB)*.

Percebemos que tais situações são desarticuladas ou não dispõem dos recursos necessários para a estruturação de um brincar de qualidade, principalmente na prática pedagógica com as crianças de até 3 anos de idade, o que nos remete a uma prática de cunho assistencialista, dirigida ao cuidar e ao manter ocupado, aspecto que ressaltamos como preocupante diante das necessidades da criança de se expressar e se movimentar.

Ressaltamos que a inserção do brincar corporal na prática pedagógica na educação infantil está relacionada ao gosto, ao modo de ser e à disponibilidade do educador, visto que a pesquisa aponta a fragilidade da formação para a prática pedagógica lúdica. Essa fragilidade foi verificada tanto nas respostas apresentadas pelas educadoras como nas observações do cotidiano da educação infantil.

Constatamos também que há momentos em que a interação educador/criança é fundamental para o desenvolvimento do brincar corporal, e que tais atividades proporcionaram situações de prazer e alegria aos envolvidos, fortalecendo a crença de que a disponibilidade do educador para o brincar corporal faz a diferença na prática pedagógica.

Vale destacar que, diante da complexidade da prática pedagógica e do fazer educativo, essa disponibilidade para brincar precisa ser contemplada como eixo de formação do educador, para que possam ser superadas as lacunas na compreensão e na utilização do brincar na escola. Esse ato não pode ser visto como algo para preencher o tempo das crianças entre a realização das atividades ou como sinônimo de liberdade para o educador, em que se permitem momentos de olhar, controlar e reprimir.

Salientamos a importância do brincar livre, porém com organização, espaço apropriado, material e tempo disponíveis e de qualidade. Isso porque apenas a quantidade e a qualidade do material não são suficientes para favorecer o brincar corporal, pois, se ele não estiver incorporado na organização do trabalho pedagógico, sua prática não se efetivará de maneira significativa.

Finalizamos evidenciando que a organização do trabalho pedagógico relativa ao brincar corporal na educação infantil se estrutura em suas crenças de que brincar é, sim, importante para a criança, e que esta se expressa por meio do movimento. Porém, não há uma fundamentação teórica científica significativa para a realização do brincar corporal na prática pedagógica.

As atividades propostas pelas educadoras são aquelas que foram aprendidas ao longo de sua formação inicial, geralmente com maior conotação na reprodução de cantigas ou jogos, ou com o compartilhar de experiências no ambiente educativo, perpassadas de intuição e boas intenções, porém sem maiores reflexões e discussões teóricas.

Entremeado à rotina da escola, esse brincar corporal procura espaço. Mesmo sem muitas oportunidades, a criança busca brechas para mostrar quão corporal é sua aprendizagem. Muitos foram os momentos observados em que alguns dos professores souberam aproveitá-los com sensibilidade, enquanto para outros esses momentos passaram despercebidos.

A efetivação do brincar corporal na prática pedagógica permite maior interação entre educador/criança, criança/criança e criança/aprendizagem, visto que facilita as relações sociais e afetivas, a expressão e o gosto pelo estar na escola diante das possibilidades de descobertas e de aprendizagem que ela apresenta. Constatamos que, nas práticas em que o educador integrava o brincar na prática pedagógica, o ambiente de aprendizagem era de satisfação e envolvimento por parte das crianças.

É fundamental o aprofundamento dos estudos em relação à criança, ao brincar e ao corpo no contexto escolar, diante dos quais muitos fatores que constituem a prática do brincar corporal, como as necessidades reais da criança, a formação do educador, o espaço, o tempo e a organização do trabalho pedagógico, precisam ser questionados, analisados e repensados. Para isso, deve-se ter como princípio saber qual o ser que se quer formar nas instituições educativas, bem como quais as possibilidades de superação das resistências em relação ao corpo como manifestação de sensações, afetividade e sexualidade, temas ainda alheios às discussões de muitos educadores.

Estudar as relações entre corpo, brincar e educação infantil foi uma tarefa instigante, de muitas idas e vindas teóricas até a definição pelo "brincar corporal", e também permeada por muitas discussões e resistências, diante dos olhos dos que estranham uma pedagoga estudando sobre corpo. Sentimos que valeu a pena e que esse é apenas o começo.

Já rompemos muitas barreiras na educação infantil. Como educadoras, há muito tempo temos tentado superar o assistencialismo e a infantilização da criança e, com o auxílio de pesquisadores e estudiosos, trouxemos à tona a discussão ainda existente e necessária sobre as relações entre o cuidar e o educar, a identidade e o papel do educador e as especificidades do educar a criança pequena. Diante desse educar que buscamos, o brincar corporal se constitui em mais um grande e entusiasmante desafio.

Tratar pedagogicamente do corpo não é tarefa simples, principalmente diante do contexto em que a escola está estruturada e de todos os resquícios disciplinadores e docilizantes que persistem tanto na sua estrutura organizacional quanto no modo como os educadores percebem a educação e o corpo, fundamentados em suas histórias de vida e formação. Acreditamos, sim, que perceber social e corporalmente a criança como um ser que brinca, sente e se expressa é fundamental para a melhoria da prática pedagógica, bem como para a constituição de seres mais capazes e felizes.

Referências

ALVES, R. **Educação dos sentidos e mais...** Campinas: Verus, 2005.

AMORIM, C.; PERUZZO JÚNIOR, L. O brincar e o desenvolvimento humano. **Psicologia Argumento**, Curitiba, v. 24, n. 46, p. 91-94, jul./set. 2006. Disponível em: <http://www2.pucpr.br/reol/index.php/pa?dd1=453&dd99=view)>. Acesso em: 2 set. 2013.

ARCE, A. **Friedrich Froebel**: o pedagogo dos jardins de infância. Petrópolis: Vozes, 2002.

ARCE, A. O jogo e o desenvolvimento infantil na teoria da atividade e no pensamento educacional de Friedrich Froebel. **Cadernos Cedes**, Campinas, v. 24, n. 62, p. 9-25, abr. 2004. Disponível em: <http://www.scielo.br/pdf/ccedes/v24n62/20089.pdf>. Acesso em: 11 dez. 2013.

ARIÈS, P. **História social da criança e da família**. Tradução de Dora Flaksman. 2. ed. Rio de Janeiro: Guanabara Koogan S.A., 1981.

AZEVEDO, H. H.; SCHNETZLER, R. P. Necessidades formativas de profissionais de educação infantil. In: ENCONTRO DA ASSOCIAÇÃO NACIONAL DE PÓS-GRADUAÇÃO E PESQUISA EM EDUCAÇÃO, 24., 2001, Caxambu. **Anais**... Caxambu: Anped, 2001. Disponível em: <http://www.anped.org.br/reunioes/24/T0707185822605.doc>. Acesso em: 30 ago. 2013.

BARBOSA, M. L. P. **Práticas escolares**: aprendizagem e normalização dos corpos. 221 f. Dissertação (Mestrado em Educação) – Universidade Federal do Rio Grande do Sul, Porto Alegre, 2006. Disponível em: <http://www.lume.ufrgs.br/bitstream/handle/10183/7855/000558592.pdf?sequence=1>. Acesso em: 2 set. 2013.

BARBOSA, M. L. P.; CARVALHO, R. S. de. Tempos, espaços e o disciplinamento dos corpos nas práticas escolares. **Contrapontos**, Itajaí, v. 6, n. 2, p. 369-379, maio/ago. 2006. Disponível em: <http://www6.univali.br/seer/index.php/rc/article/view/871/723>. Acesso em: 2 set. 2013.

BARDIN, L. **Análise de conteúdo**. Tradução de Luís Antero Reto e Augusto Pinheiro. Lisboa: Edições 70, 1977.

BENJAMIN, W. **Reflexões sobre a criança, o brinquedo e a educação**. 2. ed. São Paulo: Ed. 34, 2009.

BRASIL. Constituição (1988). **Diário Oficial da União**, Brasília, DF, 5 out. 1988. Disponível em: <http://www.planalto.gov.br/ccivil_03/constituicao/constituicao.htm>. Acesso em: 2 set. 2013.

BRASIL. Lei n. 8.069, de 13 de julho de 1990. **Diário Oficial da União**, Poder Legislativo, Brasília, DF, 16 jul. 1990. Disponível em: <http://www.planalto.gov.br/ccivil_03/leis/l8069.htm>. Acesso em: 2 set. 2013.

BRASIL. Lei n. 9.394, de 20 de dezembro de 1996. **Diário Oficial da União**, Poder Legislativo, Brasília, 23 dez. 1996. Disponível em: <http://www.planalto.gov.br/ccivil_03/leis/l9394.htm>. Acesso em: 5 set. 2013.

BRASIL. Ministério da Educação e do Desporto. Secretaria de Educação Fundamental. **Referencial Curricular Nacional para a Educação Infantil**. Brasília, 1998. v. 1-3.

BRASIL. Ministério da Educação. Secretaria de Educação Fundamental. **Programa de Desenvolvimento Profissional Continuado**. Brasília, 1999. (Coleção Parâmetros em Ação). Disponível em: <http://portal.mec.gov.br/seb/arquivos/pdf/pcn_acao/pcnacao_eduinf.pdf>. Acesso em: 2 set. 2013.

BROUGÈRE, G. **Brinquedo e cultura**. São Paulo: Cortez, 1995.

BUJES, M. I. E. **Infância e maquinarias**. 259 f. Tese (Doutorado em Educação) – Universidade Federal do Rio Grande do Sul, Porto Alegre, 2001. Disponível em: <http://www.lume.ufrgs.br/bitstream/handle/10183/1904/000311899.pdf?sequence=1>. Acesso em: 2 set. 2013.

BUJES, M. I. E. Para pensar pesquisa e inserção social. **Revista Eletrônica de Educação**, São Carlos, v. 2, n. 2, p. 106-124, nov. 2008. Disponível em: <http://www.reveduc.ufscar.br/index.php/reveduc/article/viewFile/21/21>. Acesso em: 17 jun. 2010.

CAMARGO, D. **Um olhar sobre o educador da infância**: o espaço do brincar corporal na prática pedagógica. 147 f. Dissertação (Mestrado em Educação) – Universidade Estadual de Ponta Grossa, Ponta Grossa, 2011. Disponível em: <http://www.bicen-tede.uepg.br/tde_busca/arquivo.php?codArquivo=653>. Acesso em: 11 dez. 2013.

CAMBI, F. **História da pedagogia**. Tradução de Álvaro Lorencini. São Paulo: Ed. da Unesp, 1999.

CARLETO, E. A. O lúdico como estratégia de aprendizagem. **Olhares e Trilhas**, Uberlândia, v. 4, n. 4, p. 97-104, 2003.

Disponível em: <http://www.seer.ufu.br/index.php/olhares etrilhas/article/view/3572/2615>. Acesso em: 2 set. 2013.

CARVALHO, R. S. de. **Educação infantil**: práticas escolares e disciplinamento dos corpos. 193 f. Dissertação (Mestrado em Educação) – Universidade Federal do Rio Grande do Sul, Porto Alegre, 2005. Disponível em: <http://www.lume.ufrgs.br/bitstream/handle/10183/6977/000537996.pdf?sequence=1>. Acesso em: 2 set. 2013.

CERISARA, A. B. Dinâmica das relações entre profissionais de educação infantil. **Perspectiva**, Florianópolis, v. 17, p. 109-138, jul./dez. 1999. Disponível em: <https://periodicos.ufsc.br/index.php/perspectiva/article/view/10551/10089>. Acesso em: 2 set. 2013.

CHARLOT, B. **A mistificação pedagógica**: realidades sociais e processos ideológicos na teoria da educação. Tradução de Ruth Rissin Josef. Rio de Janeiro: Zahar, 1979.

COUTINHO, K. D. **Lugares de criança**: shopping centers e o disciplinamento dos corpos infantis. 172 f. Dissertação (Mestrado em Educação) – Universidade Federal do Rio Grande do Sul, Porto Alegre, 2002. Disponível em: <http://www.lume.ufrgs.br/bitstream/handle/10183/2063/000313700.pdf?sequence=1>. Acesso em: 2 set. 2013.

DELGADO, A. C. C.; MULLER, F. Infâncias, tempos e espaços: um diálogo com Manuel Jacinto Sarmento. **Currículo sem Fronteiras**, v. 6, n. 1, p. 15-24, jan./jun. 2006. Disponível em: <http://www.curriculosemfronteiras.org/vol6iss1articles/sarmento.pdf>. Acesso em: 2 set. 2013.

DORNELLES, L. V. **Infâncias que nos escapam**: da criança na rua à criança cyber. Petrópolis: Vozes, 2005. (Coleção Infância e Educação).

DORNELLES, L. V. (Org.). **Produzindo pedagogias interculturais na infância**. Petrópolis: Vozes, 2007. (Coleção Infância e Educação).

DREYFUS, H. L.; RABINOW, P. **Michel Foucault**: uma trajetória filosófica – para além do estruturalismo e da hermenêutica. Rio de Janeiro: Forense Universitária, 1995.

EBY, F. **História da educação moderna**: teoria, organização e prática educacionais. Tradução de Maria Angela Vinagre, Nelly Aleotti Maia e Malvina Cohen Zaide. 2. ed. Porto Alegre: Globo, 1976.

FERREIRA, A. B. H. **Dicionário Aurélio escolar da língua portuguesa**. Rio de Janeiro: Nova Fronteira, 1988.

FISCHER, R. M. B. Foucault revoluciona a pesquisa em educação? **Perspectiva**, Florianópolis, v. 21, n. 2, p. 371-389, jul./dez. 2003. Disponível em: <https://periodicos.ufsc.br/index.php/perspectiva/article/view/9717/8984>. Acesso em: 27 ago. 2013.

FOUCAULT, M. **As palavras e as coisas**: uma arqueologia das ciências humanas. Tradução de Salma Tannus Muchail. São Paulo: M. Fontes, 1981.

FOUCAULT, M. **Microfísica do poder**. 8. ed. Rio de Janeiro: Edições Graal, 1979.

FOUCAULT, M. **Vigiar e punir**: história da violência nas prisões. Tradução de Raquel Ramalhete. 34. ed. Petrópolis: Vozes, 2007.

FREIRE, P. **Pedagogia da autonomia**: saberes necessários à prática educativa. São Paulo: Paz e Terra, 1996. (Coleção Leitura).

GARANHANI, M. C. Concepções e práticas de educadoras da pequena infância: em foco as fontes de saberes para o trabalho docente. In: ENCONTRO DA ASSOCIAÇÃO NACIONAL DE PÓS-GRADUAÇÃO E PESQUISA EM EDUCAÇÃO, 28., 2005, Caxambu. **Anais...** Caxambu: Anped, 2005.

GARANHANI, M. C. **O corpo em movimento na educação infantil**: uma linguagem da criança. Disponível em: <http://www.pucpr.br/eventos/educere/educere2005/anaisEvento/documentos/pal/PAL001.pdf>. Acesso em: 17 dez. 2013.

GARANHANI, M. C. Procedimentos para a pesquisa de práticas pedagógicas do cotidiano da educação infantil: relato de investigação. **Diálogo Educacional**, Curitiba, v. 6, n. 19, p. 65-80, set./dez. 2006. Disponível em: <http://www.redalyc.org/articulo.oa?id=189116275006>. Acesso em: 2 set. 2013.

GARANHANI, M. C.; MORO, V. L. A escolarização do corpo infantil: uma compreensão do discurso pedagógico a partir do século XVIII. **Educar em Revista**, Curitiba, n. 16, p. 109-119, 2000. Disponível em: <http://www.redalyc.org/articulo.oa?id=155018222008>. Acesso em: 2 set. 2013.

GEERTZ, C. **A interpretação das culturas**. Rio de Janeiro: LTC, 1989.

GONÇALVES, M. A. S. **Sentir, pensar e agir**: corporeidade e educação. Campinas: Papirus, 1994. (Coleção Corpo e Motricidade).

HICKMANN, R. I. **Dos direitos das crianças no currículo escolar**: miradas sobre processos de subjetivação da infância. 205 f. Tese (Doutorado em Educação) – Universidade Federal do Rio Grande do Sul, Porto Alegre, 2008. Disponível em: <http://www.lume.ufrgs.br/bitstream/handle/10183/13273/000642464.pdf?sequence=1>. Acesso em: 2 set. 2013.

HUIZINGA, J. **Homo ludens**. São Paulo: Perspectiva, 2000.

LE BOULCH, J. **O corpo na escola no século XXI**: práticas corporais. Tradução de Cristiane Hirata. São Paulo: Phorte, 2008.

LEMOS, F. C. S. A apropriação do brincar como instrumento de disciplina e controle das crianças. **Estudos e Pesquisas em Psicologia**, Rio de Janeiro, v. 7, n. 1, p. 81-91, abr. 2007. Disponível em: <http://www.revispsi.uerj.br/v7n1/artigos/pdf/v7n1a08.pdf>. Acesso em: 2 set 2013.

MANACORDA, M. A. **História da educação**: da Antiguidade aos nossos dias. São Paulo: Cortez; Autores Associados, 1989.

MARCELLINO, N. C. (Org.). **Lúdico, educação e educação física**. Ijuí: Ed. Unijuí, 2003.

MARINHO, H. R. B. et al. **Pedagogia do movimento**: universo lúdico e psicomotricidade. Curitiba: Ibpex, 2007.

MOREIRA, M. A.; MASINI, E. F. S. **A aprendizagem significativa**: a teoria de David Ausubel. São Paulo: Moraes, 1982.

MOREIRA, W. W. (Org.). **Corpo presente**. Campinas: Papirus, 1995.

MOYLES, J. R. **Só brincar? O papel do brincar na educação infantil**. Tradução de Maria Adriana Veríssimo Veronese. Porto Alegre: Artmed, 2002.

MOYLES, J. R. et al. **A excelência do brincar**: a importância da brincadeira na transição entre educação infantil e anos iniciais. Tradução de Maria Adriana Veríssimo Veronese. Porto Alegre: Artmed, 2006.

NADOLNY, L. de F.; GARANHANI, M. C. O processo de formação continuada de profissionais da educação infantil: em cena "saberes do movimento". In: CONGRESSO NACIONAL DE EDUCAÇÃO, 8., 2008, Curitiba. **Anais...** Curitiba: Educere, 2008. Disponível em: <http://www.pucpr.br/eventos/educere/educere2008/anais/pdf/499_914.pdf>. Acesso em: 29 ago. 2013.

NARODOWSKI, M. **Infância e poder**: a conformação da pedagogia moderna. 223 f. Tese (Doutorado em Educação) — Universidade Estadual de Campinas, Campinas, 1993. Disponível em: <http://www.bibliotecadigital.unicamp.br/document/?down=vtls000072112&idsf=>. Acesso em: 11 dez. 2013.

OLIVEIRA, M. K.; SOUZA, D. T. R.; REGO, T. C. (Org.). **Psicologia, educação e as temáticas da vida cotidiana**. São Paulo: Moderna, 2002.

OLIVEIRA, Z. R. de. **Educação infantil**: fundamentos e métodos. 7. ed. São Paulo: Cortez, 2010.

ONLINE ETYMOLOGY DICTIONARY. Disponível em: <http://www.etymonline.com/idex.php>. Acesso em: 12 dez. 2013.

ONU – Organização das Nações Unidas. Assembleia Geral das Nações Unidas. **Declaração Universal dos Direitos Humanos**. Paris, 1948. Disponível em: <http://unicrio.org.br/img/DeclU_D_HumanosVersoInternet.pdf>. Acesso em: 10 nov. 2010.

RÖHRS, H. **Maria Montessori**. Tradução de Danilo Di Manno de Almeida e Maria Leila Alves. Recife: Fundação Joaquim Nabuco; Editora Massangana, 2010. (Coleção Educadores).

ROUSSEAU, J. J. **Emílio ou da educação**. Tradução de Roberto Leal Ferreira. 3 ed. São Paulo: M. Fontes, 1995.

SANTIN, S. **Educação física**: uma abordagem filosófica da corporeidade. Ijuí: Ed. da Unijuí, 1987.

SARMENTO, M. J. **As culturas da infância nas encruzilhadas da 2ª Modernidade**. Disponível em: <http://cedic.iec.uminho.pt/Textos_de_Trabalho/textos/encruzilhadas.pdf>. Acesso em: 8 nov. 2010.

SARMENTO, M. J. Crianças: educação, culturas e cidadania activa – refletindo em torno de uma proposta de trabalho. **Perspectiva**, Florianópolis, v. 23, n. 1, p. 17-40, jan./jul. 2005a. Disponível em: <http://www.perspectiva.ufsc.br/perspectiva_2005_01/04_artigo_sarmento.pdf>. Acesso em: 9 nov. 2010.

SARMENTO, M. J. Culturas infantis e interculturalidade. In: DORNELLES, L. V. (Org.). **Produzindo pedagogias interculturais na infância**. Petrópolis: Vozes, 2007. (Coleção Infância e Educação). p. 19-39.

SARMENTO, M. J. Gerações e alteridade: interrogações a partir da sociologia da infância. **Educação & Sociedade**, Campinas, v. 26, n. 91, p. 361-378, maio/ago. 2005b. Disponível em: <http://www.scielo.br/pdf/es/v26n91/a03v2691.pdf>. Acesso em: 2 set. 2013.

SARMENTO, M. J. Infância, exclusão social e educação como utopia realizável. **Educação & Sociedade**, Campinas, v. 23, n. 78, p. 265-283. abr. 2002. Disponível em: <http://www.scielo.br/pdf/es/v23n78/a15v2378.pdf>. Acesso em: 2 set. 2013.

SARMENTO, M. J.; GOUVEA, M. C. S. de (Org.). **Estudos da infância**: educação e práticas sociais. Petrópolis: Vozes, 2008.

SEBER, M. da G. **Psicologia do pré-escolar**: uma visão construtivista. São Paulo: Moderna, 1995.

SILVEIRA, F. de A. **Michel Foucault e a constituição do corpo e da alma do sujeito moderno**. 164 f. Dissertação (Mestrado em Educação) – Universidade de São Paulo, Ribeirão Preto, 2001. Disponível em: <http://www.teses.usp.br/teses/disponiveis/59/59137/tde-17052004-120350/publico/FernandoAlmeidaSilveira.pdf>. Acesso em: 2 set. 2013.

SOARES, J. M. M. da S.; FIGUEIREDO, M. X. B. **O poder simbólico no cotidiano escolar**: reflexões sobre o corpo da criança. Ijuí: Ed. da Unijuí, 2009.

SOUZA, M. T. de. Desenvolvimento humano, lazer e Educação Física. In: MARCELLINO, N. C. (Org.). **Lúdico, educação e educação física**. Ijuí: Ed. Unijuí, 2003.

TARDIF, M. Saberes profissionais dos professores e conhecimentos universitários: elementos para uma epistemologia da prática profissional dos professores e suas consequências em relação à formação para o magistério. **Revista Brasileira de Educação**. n. 13. p. 5-24, jan./fev./mar./abr. 2000. Disponível em: <http://www.anped.org.br/rbe/rbedigital/RBDE13/RBDE13_05_MAURICE_TARDIF.pdf>. Acesso em: 2 set. 2013.

TOMÁS, C. A. **Há muitos mundos no mundo...**: direitos das crianças, cosmopolitismo infantil e movimentos sociais de crianças – diálogos entre crianças de Portugal e Brasil. Braga: Instituto de Estudos da Criança/Universidade do Minho,

2007. Disponível em: <http://repositorium.sdum.uminho.pt/bitstream/1822/6269/2/Tese%20Doutoramento%20Catarina%20Tom%C3%A1s.pdf>. Acesso em: 20 jun. 2010.

TREVISAN, G. P. Amor e afetos entre crianças: a construção social de sentimentos na interação de pares. In: DORNELLES, L. V. (Org.). **Produzindo pedagogias interculturais na infância**. Petrópolis: Vozes, 2007. (Coleção Infância e Educação). p. 41-70.

UNICEF – Fundo das Nações Unidas para a Infância. Assembleia Geral das Nações Unidas. **Convenção sobre os Direitos da Criança**. Disponível em: <http://www.unicef.org/brazil/pt/resources_10120.htm>. Acesso em: 11 dez. 2013.

VEIGA-NETO, A. **Foucault & a educação**. Belo Horizonte: Autêntica, 2007. (Coleção: Pensadores & Educação).

Sobre a autora

DAIANA CAMARGO é graduada em Pedagogia pela Faculdade Estadual de Filosofia, Ciências e Letras de União da Vitória (Fafiuv), especialista em Pré-escola e Séries Iniciais pela mesma instituição, mestre em Educação pela Universidade Estadual de Ponta Grossa (UEPG) e doutora em Ciências da Educação pela Universidad Nacional de La Plata (UNLP).

Tem experiência nas áreas de estudos da infância e formação de professores e ministra cursos e oficinas pedagógicas, atuando principalmente com temas relativos à educação infantil, como o brincar, o movimento e o processo ensino-aprendizagem.

Atualmente, é professora no Departamento de Pedagogia da UEPG e no Programa de pós Graduação em Educação PPGE-UEPG.

É vice-líder do Grupo de Estudos, Pesquisa e Extensão em Educação Infantil - GEPEEDI (CNPq-UEPG). E-mail: camargo.daiana@hotmail.com.

Impressão:
Abril/2023